Vorwort

Liebe Leserinnen, liebe Leser!

Dieses Heft beschäftigt sich nicht mit einem Beruf, sondern mit einer Berufung. Die Aufgaben einer Kita-Leiterin oder eines Kita-Leiters werden nicht im Vorfeld im Rahmen einer Berufsausbildung erlernt, sondern entstehen durch den erteilten Auftrag zur Leitung einer Kindertageseinrichtung. Das ist bei der Übernahme dieser Aufgabe in den meisten Fällen mit dem Erlernen vieler neuer Tätigkeiten verbunden, die bisher keine Rolle spielten. Rechtliche Rahmenbedingungen, Personalführung und Verwaltungswissen sind dann unabdingbares Lernprogramm.

In der pädagogischen Ausbildung stehen die Kinder im Mittelpunkt. Die Trias Bildung, Betreuung und Erziehung ist im Kontext des jeweiligen Sozialraums, in dem sich die Kita befindet, engagiert, feinfühlig und passgenau umzusetzen. Und dafür, dass dies professionell geschieht, hat die Leitung der Einrichtung Sorge zu tragen. Immer mitgedacht die Vielfalt der Familien, die pädagogischen Mitarbeiter*innen und das weitere Personal, die geleitet werden sollen. Das ist eine enorme Herausforderung und nicht so nebenbei zu bewältigen. Je nach Größe der Einrichtung ist es einem Job im mittleren Management vergleichbar, mit allen dazugehörenden Aufgaben.

Die inhaltliche Gliederung des Heftes beschreibt ebenfalls eine Trias: Leitung werden, Leitung sein, Leitung bleiben. Egal, wo Sie gerade stehen und an welchem Heftteil Sie deshalb am meisten interessiert sind: Es geht darum, Leitungskompetenz zu entwickeln, sich der damit zusammenhängenden Rolle, Identität und Verantwortung bewusst zu sein, sie täglich mit Leben zu füllen und sich nicht zu verlieren in überbordenden Aufgaben oder schwierigen Strukturen. Im ersten Teil „Leitung werden" stehen die Themen im Vordergrund, die möglichst im Vorfeld oder zu Beginn der Leitungstätigkeit reflektiert und bearbeitet werden sollten. Der zweite Teil „Leitung sein" greift die Themenvielfalt des Arbeitsalltags in einer Kindertageseinrichtung auf und zeigt Herangehensweisen und Umsetzungsideen für eine gelingende Leitungstätigkeit. Im dritten Teil „Leitung bleiben" geht es insbesondere um unterstützende Möglichkeiten, wenn die Lust zur Last, die Freude zum Frust wurde oder es Wünsche nach kreativen Ideen zur Veränderung gibt. Sich immer wieder selbst zu reflektieren steht dabei im Mittelpunkt des Themenspektrums.

Erfolgreich Leiten im Sinne des oben aufgeführten Zitats geht nur, wenn die Leitung gute Arbeitsbedingungen durch den Träger vorfindet, Einfluss nehmen kann auf die Personalsituation und ein Team entwickeln kann, das den Anforderungen gut gewachsen ist und Freude an der Arbeit hat. Ebenso braucht Leitung Fortbildung, Fachberatung und Supervision, um den vielfältigen Aufgaben nicht nur professionell zu begegnen, sondern sie auch gut reflektieren zu können und eigene Veränderungen zuzulassen und zu initiieren. Das beinhaltet auch, die eigenen Grenzen zu kennen, sie einzuhalten und selbst im Gleichgewicht zu bleiben.

Das vorliegende Heft beschreibt die Vielfalt der Leitungsaufgaben und greift Themen auf, die für Leitung von Bedeutung sind. Es gibt Einblick in die Anforderungen an die Leitungsrolle und nennt an vielen Stellen weiterführende Literatur, die zur Vertiefung eines Themas hilfreich sein kann.

Ina Schütt

> „Verantwortung heißt nicht, dass ich dafür zuständig bin, dass es dem andern gut geht. Dafür muss er selbst sorgen. Ich kann ihn nur begleiten und mit ihm nach einem Weg Ausschau halten, auf dem er weitergehen kann."
> *Anselm Grün*

Ina Schütt ist staatlich anerkannte Erzieherin und war in unterschiedlichen Einrichtungen der Kinder- und Jugendhilfe leitend tätig. Sie ist Dipl.-Gruppentherapeutin, Supervisorin/DGSv, Mediatorin und Trainerin für TMS® (Team Management System). Seit 1994 ist sie als Referentin im Zentrum für Praxis und Theorie der Jugendhilfe, Schabernack e.V. (Güstrow), tätig. Arbeitsschwerpunkte sind Qualifizierungskurse für Kita-Leiter*innen und Fach- und Praxisberater*innen, Trainings und Workshops zur Teamentwicklung für Leitungskräfte, Teams und Gruppen.

Die in diesem Heft enthaltenen Arbeitshilfen (Checklisten, Reflexionsfragen, zusätzliche Informationen) stehen in Form von praktischen Vorlagen für Sie auf **kindergarten-heute.de** unter „Themenpakete" zum Verkauf.

Inhalt

I. Leitung werden — 3

1. Rahmenbedingungen und Voraussetzungen — 3
2. Berufsbiografien von Leiter*innen — 5
3. Leitung werden ist nicht schwer …? — 6
4. … Leitung sein dagegen sehr? — 8
5. Unterschiedliche Leitungskonzepte — 10
6. Vorbereitung auf die neue Aufgabe — 10
7. Mögliche Aus- und Fortbildungsinhalte — 12
8. Selbstführungskompetenz — 14
9. Anerkennung im Job — 15
10. Das heimliche Thema: Macht — 17

II. Leitung sein — 19

1. Organisationsabläufe gestalten — 19
2. Zusammenarbeit mit dem Träger — 21
3. Krisen- und Beschwerdemanagement — 23
4. Mitarbeiter*innengespräche — 24
5. Einarbeitung neuer Mitarbeiter*innen — 27
6. Zusammenarbeit mit Familien — 29
7. Sozialraumorientierung — 32
8. Konzeptionsentwicklung — 33
9. Qualitätsentwicklung — 35
10. Teamentwicklung — 39
11. Neues entdecken und integrieren — 44
12. Weitere Aufgaben — 45

III. Leitung bleiben — 46

1. Die Freude an der Arbeit erhalten — 46
2. Burnout begegnen — 47
3. „Denkarbeit" außerhalb der Kita vermeiden — 49
4. Kollegiale Beratung — 50
5. Supervision, Coaching, Fachberatung — 51
6. Älter werden im Beruf — 53
7. Übergänge gestalten — 54
8. Karrieremöglichkeiten — 55

Dank — 56
Impressum — 56

I. Leitung werden

1. Rahmenbedingungen und Voraussetzungen

Die Vielfalt der pädagogischen Berufsabschlüsse lässt erkennen, dass immer noch der Wunsch, als Pädagogin bzw. Pädagoge mit Kindern zu arbeiten, sie zu bilden, zu betreuen und zu erziehen, ein ernst zu nehmendes Ziel junger Frauen und junger Männer ist. Durch den bundesweiten Fachkräftemangel in diesem Bereich sind zunehmend auch andere Berufsgruppen an einer Tätigkeit in Kindertageseinrichtungen interessiert und qualifizieren sich dafür. In fast allen Bundesländern gibt es Möglichkeiten zum Quereinstieg, zur dualen Ausbildung und berufsbegleitenden Vollzeitausbildung. Kindheitspädagog*innen mit Hochschulabschluss, aber auch Diplom-Sozialpädagog*innen sowie Diplom-Pädagog*innen sind ebenfalls vermehrt in diesem Arbeitsfeld zu finden. Das variiert von Bundesland zu Bundesland und es ist ratsam, sich dort kundig zu machen, wo eine Tätigkeit angestrebt wird.

Heute ist „Erzieher*in" kein reiner Frauenberuf mehr, wenn diese auch noch rund 95% der pädagogischen Fachkräfte in Kitas ausmachen. Nicht zuletzt hängt dies auch mit der geringen Bezahlung zusammen, die Männer offenbar eher abschreckt, in diesem Arbeitsfeld tätig zu werden. Leitungsstellen scheinen dagegen für beide Geschlechter gleichermaßen attraktiv zu sein.

Wenn sich Erzieherinnen und Erzieher Gedanken machen, wie sie langfristig ihren Berufsalltag gestalten können, wie ihre Karrierechancen in ihrem Beruf aussehen und was sie tun können, um engagiert und mitbestimmend zu arbeiten, dann wird schnell klar, dass es keine Ausbildung gibt, die den Aufstieg in die Leitungsposition vorbereitet, begleitet und unterstützt.

In einem Leitungskurs können wichtige Kompetenzen erworben werden

Kein einheitliches Curriculum

Private Bildungsträger und Institute bieten Leitungskurse an, die berufsbegleitend qualifizieren und mit einem Zertifikat abschließen. Hinsichtlich Stundenumfang und curricularer Inhalte gibt es jedoch keine Festlegung, sodass sich die Angebote sehr voneinander unterscheiden. Häufig werden die Schwerpunkte in den Bereichen Recht, Verwaltung, Sozialmanagement und Finanzen/Budgetierung gesetzt. Die Themen Entwicklung von Rolle und Identität, wertschätzende Gesprächsführung, Personalführung, Teamleitung und Konfliktlösungsstrategien sind eher selten vertreten. Wünschenswert wäre es, auch diesem Bereich bei der Entwicklung eines Curriculums viel Aufmerksamkeit zu schenken, da genau dort die Herausforderungen liegen. Findet die angehende Leitungskraft einen solchen Kurs, ist sie oft unentschlossen, weil die Voraussetzung dafür in der Regel ist, dass die Teilnehmer*innen bereits die Leitung einer Kita innehaben. Insofern ist eine qualifizierte Vorbereitung auf die neue Aufgabe im Vorfeld oft nicht möglich. Hinzu kommt, dass es bei der Auswahl eines Kurses häufig schwerfällt, genau einzuschätzen, welches Angebot für die jeweiligen Bedürfnisse gut geeignet ist.

Es gibt bundesweit kein gesichertes, einheitliches Curriculum und auch keine Verpflichtung, einen dieser Kurse zu belegen. Träger entscheiden über die erforderlichen Fort- und Weiterbildungen zur Bewältigung der Leitungsaufgaben. In einem einzigen Bundesland – Mecklenburg-Vorpommern – ist die Belegung eines Leitungskurses im Kindertagesstättenfördergesetz des Landes (KiFöG M-V §10 Abs. 8 mit Hinweis auf §11 Abs. 2, Qualifikation des pädagogischen Personals) verankert und muss verpflichtend belegt werden – als Grundlage für die Betriebserlaubnis der Kindertageseinrichtung.

Zu guter Letzt muss der Träger der Einrichtung ein Interesse an der Ausbildung der Leitungskraft haben und Kosten übernehmen bzw. eine Vereinbarung zur Finanzierung treffen, Zeit einräumen und sie von der Arbeit für den Kurs freistellen. Das alles ist nicht leicht zu bewerkstelligen, da der Finanz- und Personalrahmen in einer Kindertageseinrichtung großen Einschränkungen unterliegt.

Persönliche Voraussetzungen

Die persönliche Motivation, sich beruflich weiterzuentwickeln, bedeutet auch, sich Neuem auszusetzen, Neues zu lernen, sich mit der Leitungsrolle intensiv auseinanderzusetzen und sich zu verändern. Leitung sein heißt, nicht mehr wie bisher einen gleichberechtigten Platz im Team einzunehmen, sondern Vorgesetzte*r zu sein und über mehr Einfluss und Entscheidungsbefugnis zu verfügen als alle anderen in der Kita Tätigen. Es heißt auch, Verantwortung für alle Teamprozesse zu tragen, Stimmungen und Tendenzen wahrzunehmen, bei Konflikten zu intervenieren, Anweisungen zu geben, Arbeitsprozesse zu kontrollieren und manchmal die Einsamkeit auszuhalten, wenn niemand ins Vertrauen gezogen werden kann.

> ### Linktipp
> Weiterführende Informationen zur Leitung von Kindertageseinrichtungen: www.bildungsserver.de (Suchbegriff: Leitung und Kita)

Gerade die Führungsverantwortung in der Personalentwicklung ist eine große Herausforderung. Trägerinteressen müssen umgesetzt werden, auch manchmal gegen die Meinung und das Bestreben des Teams. An dieser Stelle wird die neue Rolle für alle besonders deutlich. Die Akzeptanz dieser Rolle ist für das Gelingen der Leitungsaufgabe unbedingte Voraussetzung.

2. Berufsbiografien von Leiter*innen

Wenn ich mit Leiter*innen in Seminaren und in Supervision arbeite, spielt immer die individuelle Berufsbiografie eine Rolle. Sie ist eng verknüpft mit der persönlichen Biografie und zeigt in vielen Fällen erste Anzeichen von „Leitungsübernahme", bevor überhaupt eine Berufswahl getroffen wurde.

Beispielsweise geht der Weg von der „Bestimmerin" und Spielführerin im Kindergartenalter zur Klassen- und Schulsprecherin. Als Jugendliche und junge Erwachsene werden wieder Gruppen geleitet, z.B. bei Vereinen, Verbänden und Kirchen, häufig kommen gesellschaftspolitische Interessen und entsprechendes Engagement – auch das mutige Eintreten für Ideen – hinzu. Im Zuge dessen werden Erfahrungen gesammelt, Enttäuschungen durchlebt und Erfolge verbucht. Oft ist also bereits eine Grundhaltung vorhanden, die Ehrgeiz, Verantwortung, Motivation, Engagement, Konfliktbereitschaft und Durchsetzungskraft beinhaltet.

Nach einigen Berufsjahren, wenn es von der persönlichen Entwicklung her wünschenswert wäre, fängt eine Erzieherin/ein Erzieher an, sich nach Aufstiegsmöglichkeiten umzusehen. Sie/er
- macht Fortbildungen zu spezifischen pädagogischen Konzepten oder zu rechtlichen Themen (z.B. Kindeswohlgefährdung),
- spezialisiert sich für ein bestimmtes Profil wie z.B. Sport, Yoga, Musik, Kunst, Naturwissenschaft,
- spezialisiert sich in den Bereichen Sprache, Qualitätsentwicklung, Inklusion, Partizipation etc.

Qualifikationen einer pädagogischen Fachkraft, die in Richtung Leitung weisen können

- Sie bewältigt die Arbeit in der Gruppe besonders gut und durchdacht.
- Sie hat ein klares Bild vom Kind, handelt umsichtig, feinfühlig, empathisch und ist bei den Kindern beliebt.
- Ihr guter Ruf bezieht sich auf die anerkannte pädagogische Arbeit.
- Bei der Gestaltung von Festen und Feiern übernimmt sie viel Verantwortung und ist sichtbar beteiligt am Erfolg.
- Sie hat ein klares pädagogisches Konzept, das sich immer an den aktuellen wissenschaftlichen Standards orientiert und weiterentwickelt.
- Sie will die pädagogische Konzeption des Hauses weiterentwickeln und hinterfragt den Ist-Stand.
- Sie vertritt deutlich und klar ihren Standpunkt und kooperiert mit den Kolleginnen und Kollegen.
- Sie legt viel Wert auf Fortbildung, Fachberatung und kollegiale Beratung.
- Sie ist für viele Veränderungen und Neuerungen im Haus Ideenträgerin.
- Sie pflegt Kontakte zu Institutionen und zur Fachschule für Sozialpädagogik.
- Sie zeigt ihr Können deutlich und unmissverständlich.
- Sie ist beliebt/wird gemocht.
- Sie arbeitet gerne mit Eltern und Öffentlichkeit zusammen.
- Sie hat keine Berührungsängste im Umgang mit Vorgesetzten und ist bei auftretenden Konflikten eher diplomatisch.

- spezialisiert sich im Bereich Zusammenarbeit mit Familien (im sozialen Brennpunkt, mit Fluchthintergrund etc.),
- nimmt an Arbeitskreisen teil, die sich mit frühpädagogischen oder berufspolitischen Themen beschäftigen,
- übernimmt besondere Aufgaben in der Kita,
- arbeitet engagiert an der Weiterentwicklung der Arbeit in der Einrichtung etc.

Nun stellt die pädagogische Fachkraft fest: Das alles macht mir Spaß, aber ich hätte gerne mehr Verantwortung und eine andere Rolle. Da ist dann häufig die Grenze gesetzt für eine Karriere. Aufstiegsmöglichkeiten in diesem Beruf sind nur dann möglich, wenn eine Leitungsstelle frei und damit eine Bewerbung möglich wird. Es gibt keine Leitungsausbildung, die absolviert werden kann, um dann in eine Leitungsfunktion zu gehen.

3. Leitung werden ist nicht schwer ...?

Ganz bewusst habe ich hier ein Fragezeichen gesetzt, denn Berichte darüber, wie pädagogische Fachkräfte Leitungsaufgaben übernommen haben, sind aus meiner Erfahrung in drei Kategorien einzuteilen:

1. Die Fachkraft wurde von Vorgesetzten gefragt, ob sie sich vorstellen könnte, die Leitung einer Kita zu übernehmen.
2. Sie hat sich auf eine Stellenausschreibung beworben und wurde nach einem Bewerbungsgespräch eingestellt.
3. Das Team einer Kita wurde vom Träger aufgefordert, eine Leitung aus den eigenen Reihen zu wählen (anonym oder offen).

Von der Fachkraft zur Leitung

Bei allen drei Möglichkeiten ist es denkbar, dass die Fachkraft in der Einrichtung die Leitung übernimmt, in der sie vorher als Erzieher*in gearbeitet hat. Das heißt, sie kennt das Team genau, weiß um alle Probleme und Konfliktlagen im Haus und ist bestens informiert über formelle und informelle Strukturen. Diese Tatsache wird oft von der neuen Leitung, dem Team und dem Träger positiv bewertet, weil eine Einarbeitungszeit nicht notwendig erscheint und das Wissen um alle Vorgänge und die Entwicklung der Einrichtung als Vorteil erscheint. Aus dem Blick gelassen werden dabei Aspekte, die die Übernahme der Leitungsaufgabe in einem bekannten Team erschweren. Hier entstehen buchstäblich blinde Flecken, weil alle am Bewerbungsverfahren beteiligten Personen die Vorteile in den Vordergrund stellen und über mögliche Schwierigkeiten gar nicht nachdenken. Das erweist sich später nicht selten als fataler Fehler.

Beispiel 1

Der Träger hat eine pädagogische Fachkraft gefragt, ob sie die Leitung des Hauses übernehmen will. Sie freut sich über das Angebot, ist aufgeregt, ein bisschen „gebauchpinselt" und findet die Anfrage berechtigt. Sie hat keine Leitungserfahrung, orientiert sich aber an Erfahrungen mit der Leitung, die sie als Kollegin erlebt hat. Zuversicht, dass die Aufgabe gelingen wird, nimmt einen großen Raum ein und unterstützt die Entscheidung. Wie sich die Rolle im Team verändern wird und wie die Herausforderungen aussehen, lässt sich nicht vorhersagen. Alle begrüßen die Entscheidung und es kann gestartet werden. Der Träger sorgt dafür, dass der Prozess des Neuanfangs transparent ist und bei Bedarf von Beratung begleitet wird. In diesem Fall ist der Übergang gut bewältigt worden und es bestehen gute Chancen für einen gelingenden Neuanfang.

In welcher Situation ist diese Vorgehensweise ungeeignet?

Das Team geht wenig kooperativ miteinander um, aber darüber wird nicht gesprochen. Nach außen wird immer Harmonie signalisiert. Es gibt viele unausgesprochene Konflikte und eine verdeckte Cliquenbildung. Allen Fachkräften war klar, dass die Leiterin geht, und dies schürte bei einigen die Hoffnung, sich ebenfalls bewerben zu können oder sogar gefragt zu werden. Nun gibt es gekränkte Kolleg*innen, die sich nicht gesehen und nicht wertgeschätzt bzw. übergangen fühlen. Darüber wird aber wieder nicht gesprochen, sondern es wird auf allen Ebenen agiert und der neuen Leitung die Aufgabe erschwert oder, im schlimmsten Fall, die Leitung boykottiert. Insofern erfordert es einen genauen Blick auf die Teamsituation, wenn ein Träger sich für diese Vorgehensweise entscheidet.

Fazit

Was also auf den ersten Blick so einfach aussah, kann zu einem schwierigen Unterfangen werden und sogar zum Scheitern führen, wenn nicht konsequent der zugrunde liegende Konflikt bearbeitet wird. Wenn der Träger Merkmale benennt, die für ihn für eine Bewerbung ausschlaggebend sind, wäre der Kreis der Bewerber*innen zumindest eingeschränkt. Für den Träger gibt es im Vorfeld zwei gute Möglichkeiten:

- Der Träger geht in die Verantwortung und erklärt seine Wahl und sein Angebot an die ausgewählte pädagogische Fachkraft mit fachlicher und persönlicher Qualifikation – ohne Rechtfertigung und ohne die Entscheidung zur Disposition zu stellen. Das sorgt für Klarheit.
- Der Träger bezieht alle Teammitglieder von Anfang an mit ein, erklärt zeitnah zum Leitungsangebot dem Team seine Entscheidung und bittet um Stellungnahme.

Kommt es trotzdem zu schwierigen, konfliktreichen Situationen, wäre eine Beratung dazu anzuraten. Hierfür bietet sich die Fachberatung an oder eine externe Beratung in Form von Supervision bzw. Coaching.

Beispiel 2
Der Träger der Kita schreibt eine Leitungsstelle aus und signalisiert sehr deutlich, dass alle Bewerbungen aus dem eigenen Haus vorrangig berücksichtigt werden. Er fordert alle Erzieher*innen auf, sich zu bewerben und diese einmalige Chance zu nutzen. Von 15 Teammitgliedern bewerben sich fünf für die ausgeschriebene Stelle. Alle fünf Bewerberinnen werden zu einem Gespräch eingeladen, und damit wird öffentlich, wer Leitungsambitionen hat. Eine der fünf Bewerberinnen wird nach Abschluss des Bewerbungsverfahrens als Leitung eingestellt. Der Träger teilt den anderen Bewerberinnen mit, wie ihre Chancen stehen, sich auch weiterhin für einen Leitungsposten zu interessieren und eventuell an anderer Stelle berücksichtigt zu werden. Dies ist bei großen Trägern eine übliche Praxis, um die Leitungsbereitschaft zu erkunden und eine mögliche Vorauswahl zu treffen.

In welcher Situation ist diese Vorgehensweise ungeeignet?
In der Einrichtung wird wenig über die mögliche neue Rolle gesprochen und die Bewerbungen laufen eher heimlich, damit die Möglichkeit, nicht genommen zu werden, nicht öffentlich wird. Miteinander vertrautere Fachkräfte sprechen heimlich über geeignete Kandidat*innen und „Wunsch-Leitungen". Des Weiteren werden Mutmaßungen darüber angestellt, wen der Träger wohl bevorzugen wird. Im Team wird damit eine Dynamik ausgelöst, die viel Energie verbraucht. Die Kollegin, die dann eingestellt wird, ist konfrontiert mit vier Konkurrentinnen aus dem Bewerbungsverfahren, die sie aus dem Rennen geschickt hat. Auch hier haben wir es mit einer Kränkung zu tun, die zu ähnlichen Reaktionen führen kann wie beim ersten Beispiel. Hinzu kommt hier noch, dass die vier Mitbewerberinnen immer Vergleiche ziehen werden bei Leitungsentscheidungen, die bei ihnen selbst anders ausgefallen wären. Die Konkurrenz wird bei einem solchen Vorgehen extrem geschürt und wirkt sich negativ auf das Bewerbungsverfahren und den Start der neuen Leitung aus.

Fazit
Wenn Träger solche Aktionen starten, sind sie gut beraten, die Auswirkungen des Verfahrens im Blick zu haben und einzuschätzen, wie das betroffene Team damit umgehen wird. Über Teamkonflikte, Teamspaltungen und Mobbingaktionen in der Folge dieses Verfahrens gibt es viele Erfahrungen, die alle nicht zum Nachmachen anregen. Wenn ein Träger sich nicht entscheiden kann, wer die Leitung übernehmen soll, dann muss er öffentlich ausschreiben und Bewerbungen aus dem eigenen Haus nicht forcieren, aber berücksichtigen. Letztendlich wird dem Träger die Entscheidung nicht abgenommen und diese Tatsache sollte ihn zu einem anderen Verfahren bewegen.

Beispiel 3
Der Träger fordert ein Team auf, aus den eigenen Reihen eine Leitung zu wählen. Das Wahlverfahren wird vereinbart und ein Termin ausgemacht. Im besten Fall ist das Ergebnis eindeutig und die neue Leitung ist in Amt und Würden. Im schwierigen Fall gibt es mehrere Gegenstimmen oder eine Pattsituation und es muss neu gewählt werden. Im nächsten Wahlgang erhält die vorgeschlagene Kandidatin nur eine Gegenstimme und alle akzeptieren die Mehrheitsentscheidung. Dann ist auch diese Leiterin in Amt und Würden.

In welcher Situation ist dieses Verfahren ungeeignet?
Davon abzuraten ist, wenn sich das Team in einer konflikthaften und konkurrierenden Situation befindet. Der Träger hat keinen Einfluss auf die Entscheidung und nimmt sich selbst das Mitspracherecht. Oder der Träger drückt sich um eine Entscheidung und lässt das Team damit allein. Mit der Delegation der Entscheidung an das Team kann eine Überforderung stattfinden, die alle Beteiligten ärgerlich macht. Das Team könnte sich für eine Kollegin/einen Kollegen entscheiden, die/der der Aufgabe nicht gewachsen ist und so eine echte Rollenübernahme vermeidet. Fachlichkeit, Kompetenz und Leitungsfähigkeit spielen bei diesem Verfahren eventuell nicht die entscheidende Rolle, sondern persönliche Interessen und Wünsche.

Fazit

Ein kompetentes Team kann auf diese Weise eine Entscheidung fällen und gut einschätzen, wer infrage kommt. Im Vorfeld ist ein Blick auf die Situation im Team und eine Einschätzung des Trägers unumgänglich. Oft hat der Träger die Hoffnung, dass es hinterher keine Konflikte gibt, wenn das Team entscheidet. Das stimmt natürlich nicht. Denn auch wenn es im Team Konsens hinsichtlich der Entscheidung gibt, lässt sich daraus kein konfliktfreies Arbeiten ableiten. Ein Start in die Leitungsrolle mit dem Team, das mich gewählt hat, ist ein Auftrag, der an Verbindlichkeiten geknüpft ist. Dankbarkeit ist an dieser Stelle wenig angebracht; hilfreicher ist es, deutlich zu machen bzw. daran zu erinnern, dass die Übernahme der Leitung von allen unterstützt wurde.

Diese drei Beispiele schildern häufig genutzte Verfahren. Sie sollen nicht abschrecken oder Angst machen, sondern Möglichkeiten in den Blick nehmen, um gut vorbereitet die Vor- und Nachteile der jeweiligen Verfahrenspraxis zu erörtern. Grundsätzlich gilt, dass die Gesamtsituation berücksichtigt werden muss und ein transparentes Verfahren bevorzugt werden sollte.

Das zunächst einfachste Verfahren ist, sich auf eine ausgeschriebene Leitungsstelle zu bewerben, ohne persönliche Kenntnis der neuen Arbeitssituation. Auch hier gilt es, sich vor dem Bewerbungsgespräch ein Bild vom Träger, dem Leitbild, der Konzeption, der Einrichtung und der zu erwartenden Aufgabe zu machen. In einer neuen Umgebung erleichtert vieles den Anfang. Es gibt keine alten Geschichten, dafür viele, die neu zu schreiben sind. Das soziale Gefüge kann neu entwickelt werden und bietet für alle Beteiligten eine gute Startchance.

Der Reiz der neuen Aufgabe

„Leitung werden ist nicht schwer …" – vielleicht ist dieser Satz etwas übertrieben, denn viele Fragen sind im Vorfeld zu bedenken und mit anderen Menschen zu besprechen. Und trotzdem ist der Anfang dann erst einmal beschwingt und in jedem Fall spannend. Die Bewältigung der neuen Aufgaben macht Lust auf mehr und die Erkundung der Einflussnahme und Entscheidungskraft ist eine wunderbare Erfahrung. Auch die soziale Anerkennung, die mit der neuen Rolle verbunden ist, wirkt sich positiv aus.

Was macht also den Reiz einer solchen Position aus und warum bewerben sich Menschen auf die Leitung einer Kindertageseinrichtung? Einer der häufigsten Gründe ist der Wunsch nach fachlicher Gestaltung der Lebenswelt Kita. Gute Bedingungen für Kinder und ihre Familien zu schaffen, pädagogische Qualität zu entwickeln, Einfluss zu nehmen auf die Personalsituation und die Entwicklung des Teams, für pädagogische Weiterentwicklung zu sorgen sowie die Abläufe in der Kita zu gestalten sind wichtige Antriebskräfte. Und nicht zuletzt die Lust am Leiten, Anleiten, Begleiten von Menschen.

Der Einstieg kann erleichtert werden, wenn im Vorfeld die Aufgabenstellung durch den Träger transparent gemacht wird und vielfältige Informationen zur Teamsituation gegeben werden. Dies kann auch in Form einer begleitenden Supervision für die ersten sechs Monate geschehen. Wenn das nicht möglich ist, gibt es vielleicht eine Fach- und Praxisberatung durch den Träger, die den Einstieg engmaschig begleitet. Die Reflexion der Anfangssituation ist in den ersten Monaten hilfreich und unterstützend und sollte zum Standard gehören.

4. … Leitung sein dagegen sehr?

Auch dieses Kapitel möchte ich mit einem Fragezeichen beginnen, denn die meisten Probleme, mit denen Leiter*innen am Anfang und im Verlauf ihrer Tätigkeit konfrontiert sind, sind zu bewältigen. Voraussetzung dafür ist, dass die Leitung folgende Punkte berücksichtigt:

- Reflexion des eigenen Handelns
- Konflikte besprechbar machen
- Kommunikationsfähigkeit zeigen
- Entscheidungsfähigkeit deutlich machen
- Veränderungsmöglichkeiten in Betracht ziehen

Die erste Runde ist geschafft und mit Elan beginnt die Leitung ihren Job. Sie ist sich durchaus bewusst, dass es Konflikte geben kann, unliebsame Entscheidungen getroffen werden müssen und Situationen auftreten werden, die nicht leicht zu bewältigen sind. Das alles tritt aber erst einmal in den Hintergrund, verbunden mit der Hoffnung, dass diese Schwierigkeiten eher die Ausnahme sein werden. Die Lust des Anfangs ist belebend und erfreulich.

Die erste Erfahrung damit, dass der Wunsch, weiterhin gleichberechtigtes Teammitglied zu sein, nicht mehr möglich ist, kann schmerzen. Der Rollenwechsel hat ganz natürlich zur Folge, dass in Konfliktlagen und bei Personalentscheidungen die Leitungsrolle deutlicher wird, dass die Leitung für Entscheidungen verantwortlich ist und sie in vielen Fällen auch allein treffen muss. Wenn Gleichberechtigung gelebt werden soll, erschwert es der Leitung die Rechte, die nur sie als Leitung hat, zu akzeptieren. Eine Folge davon kann sein, dass Leiter*innen sich aus der Verantwortung ziehen wollen, mit dem Glauben, den guten Zugang zum Team damit zu erhalten. Das Gegenteil tritt meistens ein.

Es gibt durchaus Entscheidungen, die ausschließlich die Leitung treffen kann und muss. Ebenfalls muss sie vielleicht personelle Konsequenzen durchsetzen, bei denen das Team seine Meinung bekunden kann, allerdings kein Entscheidungsrecht hat. Solche Situationen machen einsam, und es ist nicht leicht zu akzeptieren, dass im Team nicht mehr über alles offen gesprochen werden kann – auch weil die Persönlichkeitsrechte und die Verschwiegenheit gewahrt werden müssen.

Eine andere Zielgruppe

Leitung sein heißt, in besonderem Maße konfrontiert zu werden mit Problemen in der „Erwachsenenwelt" der Kolleg*innen, Vorgesetzten und Eltern. Darauf ist Leitung in den meisten Fällen nicht vorbereitet, obwohl ein großer Teil ihrer Arbeitszeit und ihrer Energie hier gebraucht wird. Die Organisation der „Kinderwelt" fällt ihr leicht, denn das hat sie gelernt und als pädagogische Fachkraft gut bewältigt. Konfliktlösung mit Kindern hat sie als pädagogischen Auftrag verstanden und entsprechend kindgerecht, fair und mit dem Anspruch, dass die Kinder dabei lernen, ist sie diesem inneren Auftrag gefolgt. Ebenso ist sie gut in der Lage, Entscheidungen für die Kindergruppe zu treffen, die Gesamtgruppe sowie Einzelne mit Aufgaben zu versorgen und die Aktivitäten der Kinder beratend zu begleiten.

Diese Fähigkeiten im Umgang mit den Kindern hofft sie nun auf den Umgang mit den Erwachsenen übertragen zu können. Das gelingt jedoch nicht, weil die Konflikte vielschichtiger sind und die Erwachsenenwelt anders funktioniert. Ihre Grundhaltung und ihr Bild vom Kind kann sie jedoch übertragen und zu ihrem Menschenbild machen, das geprägt ist von Akzeptanz der Unterschiedlichkeit, von Wertschätzung, Fairness, Verstehen und Verständnis für andere. Das heißt, die guten Grundlagen zu nutzen, um für den Umgang mit Erwachsenen andere Strategien zu entwickeln und zu erlernen. Leitung sein bedeutet eine Verlagerung der „Zielgruppe" – von den Kindern zu den Erwachsenen –, mit der hauptsächlich umgegangen wird. Dieser Tatsache muss sich die Leitung stellen, ohne dabei die Kinder, die Pädagogik und die Gestaltung der täglichen Arbeit aus den Augen zu verlieren.

Verwaltungsaufgaben gehören dazu

Die Verwaltungsaufgaben, die Umsetzung rechtlicher Vorgaben und gesetzlicher Bestimmungen, die Weiterentwicklung der Konzeption und die Integration neuer pädagogischer Erkenntnisse können zwar belastend sein, werden aber in der Regel wesentlich leichter bewältigt als der Umgang mit Mitarbeiter*innen und anderen Erwachsenen, mit denen etwas verhandelt werden muss. Wenn Leitungskräfte die Frage beantworten sollen, was Leiten schwierig macht, dann wird das Personal sehr häufig an erster Stelle genannt. Das heißt, es ist notwendig, hier Unterstützung zu erhalten und hilfreiche Strategien zu entwickeln, um die entsprechenden Kompetenzen zu stärken und vorhandene Ressourcen zu aktivieren.

5. Unterschiedliche Leitungskonzepte

Die klassischen Führungsstile sind in der einschlägigen Literatur nachzulesen, deshalb sollen hier nur kurz die verschiedenen Stile mit ihren wichtigsten Merkmalen genannt werden (s. Kasten).

Bei den Definitionen dieser möglichen Führungsstile geht es letztendlich darum, sich selbst in einer dieser Beschreibungen wiederzufinden oder nach Anhaltspunkten zu suchen für den Findungsprozess des eigenen Stils und Leitungskonzepts. Hierbei spielen eigene Erfahrungen mit Führungskräften und Geleitet-Werden eine große Rolle. Was als hilfreich, wohltuend, beeindruckend und erfolgreich beobachtet wurde, hat eine große Chance, kopiert zu werden. Negative Leitungserfahrungen regen kaum zur Nachahmung an. Bei solchen Erfahrungen wird bei der Ausübung der eigenen Leitungsrolle viel Wert auf das Gegenteil gelegt, um es anders und besser zu machen.

Welchen Führungsstil setzen Sie um?

In jedem Fall sollte der eigene Leitungsstil geprägt sein von Wertschätzung, Respekt, Toleranz und Transparenz. Der kooperativ-integrative Führungsstil kann hier eine gute Orientierung sein, sich in die neue Rolle einzufinden. Das sichere persönliche Auftreten, die Bereitschaft, die Rolle anzunehmen und sich zu allen Vorgängen zu positionieren, zu gestalten und die eigene Meinung zu vertreten, sind wichtige Voraussetzungen, um sich mit der Leitungsrolle zu identifizieren. Leitungsidentität ist nicht einfach vorhanden, wenn der Vertrag unterschrieben ist, sondern entwickelt sich langsam mit jeder gemachten Erfahrung in der neuen Rolle.

6. Vorbereitung auf die neue Aufgabe

Wünschenswert wäre eine gezielte Vorbereitung auf die neue Stelle mit allem, was dazugehört. Zu den folgenden Punkten sollte die künftige Leitung frühzeitig Informationen einholen, falls dies noch nicht im Rahmen des Bewerbungsgesprächs geschehen ist:
- Erwartungen des Trägers
- Informationen über die Einrichtung und den Träger
- Stand der Konzeption
- Finanzrahmen
- Teamkonstellation
- Entscheidungsspielraum der Leitung
- Vertragliche Bedingungen und Vergütung

Fortsetzung S. 12

Die unterschiedlichen Führungsstile

- **Der autoritäre Führungsstil** lebt im Wesentlichen von klaren Anordnungen und ist geprägt von den Zielen der Führungsperson. Über Sinn und Nutzen dieser Ziele wird nicht debattiert. Die Möglichkeiten von Kreativität und Eigenständigkeit sind gering.
- **Der Laissez-faire-Führungsstil** gilt als Gegenpol des autoritären Stils. Er ist sehr bedürfnisorientiert und nicht einschränkend, wenn Menschen nicht aus dem sehr weit gesteckten Rahmen fallen. In sozialen Organisationen ist er häufig anzutreffen, wenn keine Konzepte vorhanden sind und Ziele unklar definiert werden.
- **Der kooperativ-integrative Führungsstil** ermöglicht allen Beteiligten weitgehende Selbstständigkeit. Ziele und Aufgaben sind allen bekannt und die Kompetenzen der Mitarbeiter*innen untereinander geklärt. Ideenreiche Arbeit wird hier mit notwendiger Sachdisziplin verbunden. Mitarbeiter*innen und Leitung kontrollieren gemeinsam die Zielerreichung.
- **Der charismatische Führungsstil** lebt von der Ausstrahlung, die die Leitung auf andere Menschen hat. Zugewandtheit und Verehrung gegenüber der Leitung unterstützen alle Vorhaben und tragen so zum Erfolg bei. Die Persönlichkeit, der Ideenreichtum und die Integrität der Person sind ausschlaggebend.
- **Der bürokratische Führungsstil** zeichnet sich aus durch die Vorgabe, dass alle Handlungsziele sich nach dem Verwaltungsakt bestimmen und einem klaren Ablauf unterliegen. Individualist*innen und noch nicht bekannte oder noch nicht beschrittene Wege werden ausgeschaltet.

(zusammengefasst nach Müller-Schöll, A./Priepke, M. (1992): Sozialmanagement. 3. Auflage, Neuwied: Luchterhand, S. 138–141)

Checkliste der persönlichen Kompetenzen und Ressourcen

	fällt mir leicht	kann ich gut	traue ich mir zu	muss ich lernen
Konzeption schreiben				
Gesetzliche Grundlagen und landesspezifische Gesetze kennen				
Dienstpläne erstellen				
Finanzen verwalten				
Verwaltungsaufgaben				
Öffentlichkeitsarbeit/Gremienarbeit				
Besprechungen moderieren und leiten				
Zusammenarbeit mit Ämtern und sozialen Diensten				
Rechtskenntnisse zu § 8a SGB VIII (Kindeswohlgefährdung)				
Zusammenarbeit mit Eltern/Familien in allen Konstellationen				
Repräsentation der Einrichtung				
Personalführung/Teamarbeit gestalten				
Personalgespräche führen				
Chaos- und Krisenmanagement				
Durchsetzungsvermögen				
Entscheidungsfreude				
Konflikte erkennen, Ursachen erforschen				
Einsamkeit aushalten				
Fairer Umgang mit Menschen, auch wenn sie anders denken				
Kritik aussprechen				
Ermahnungen				
Disziplinarmaßnahmen anordnen				
(Eigene Punkte ergänzen)				

Träger wählen mit ganz unterschiedlichen Motiven Leitungskräfte aus – je nach eigenem Verständnis und Leitbild. Mit aller Vorsicht sollte nachgefragt werden, ob nur eine Funktion besetzt werden soll, ohne eigene Entscheidungskompetenz, oder ob die Stelle auch Leitungsentscheidungen möglich macht. Hier wird häufig zu wenig besprochen, sondern erst für Klarheit gesorgt, wenn der Job angetreten ist und die Arbeit schon läuft. Das führt leicht zu Unzufriedenheit, wenn der Entscheidungsspielraum sehr eng gehalten ist und die neue Leitung nicht wirklich leiten kann oder soll. Die konkrete Frage nach den Entscheidungskompetenzen klärt im Vorfeld, welches Verständnis der Träger von Leitung hat und was er ihr langfristig zugesteht.

Im Folgenden soll es darum gehen, wie die Übernahme der Leitungsrolle vorbereitet werden kann. Hilfreich ist dabei eine persönliche Checkliste, die die eigenen Kompetenzen und Ressourcen verdeutlicht (s. Checkliste S. 11).

Eine Vorbereitung dieser Art kann verdeutlichen, an welchen Stellen die neue Leitung besonders achtsam sein muss und wo Aufmerksamkeit geboten ist. Ebenso ermöglicht die gedankliche Vorbereitung, eventuelle blinde Flecken ins Bewusstsein zu holen. Die Checkliste dient einer gezielten Reflexion der eigenen Fähigkeiten und des Beurteilungsvermögens von erwachsenen Beziehungen. Leitung kann so erkennen, wo ggf. noch Arbeit auf sie wartet in Form von Fort- und Weiterbildung.

7. Mögliche Aus- und Fortbildungsinhalte

Aus der Checkliste (siehe S. 11) ergeben sich schon klare Fortbildungsbedarfe, die als Einzelveranstaltungen bei Bildungsträgern absolviert werden können. Nachfolgend werde ich aus fachlicher Sicht ein Fortbildungskonzept beschreiben, das die Entwicklung der persönlichen Fähigkeiten und Ressourcen in den Vordergrund stellt.

Die Persönlichkeit und Kompetenz einer Leitung sind die wichtigsten Instrumente, die ihr die Erfüllung der Leitungsrolle ermöglichen. Ihre Fachkompetenz, ihre soziale Kompetenz, ihre Belastbarkeit, ihre Grenzen, ihre Flexibilität, ihre Motivation und ihre Kreativität bestimmen den Umgang mit den gestellten Aufgaben. Fortbildungen, die auf die individuellen Bedarfe zugeschnitten sind und durch lebendiges Lernen an der eigenen Person qualifizieren, erweisen sich als gut geeignet für einzelne Veranstaltungen und langfristige Leitungskurse. Mithilfe vielfältiger Methoden sollten kreative Impulse erarbeitet werden, die konstruktiv in den Arbeitsalltag transferiert werden können und die Erhaltung der Arbeitsfähigkeit unterstützen. Wenn handelnd und praxisbezogen ein kreativer Lernprozess gestaltet wird, sind gute Erfolge und eine deutliche Erweiterung der Leitungskompetenz und Reflexionsfähigkeit zu beobachten. Das bedeutet aber auch, dass die Leitung im Vorfeld einer Fortbildung gezielt nach den Methoden fragen, sich über die Inhalte und deren Vermittlung informieren und kritisch an die Auswahl herangehen sollte.

Das folgende Konzept für eine Leitungsfortbildung (s. Kasten) gibt einen inhaltlichen Rahmen vor, wobei Schwerpunkte gesetzt und andere Themen eher weniger bearbeitet werden können. Das ist immer abhängig vom Wissensstand der Teilnehmer*innen und sollte sich an den Notwendigkeiten und Bedürfnissen orientieren. Dies erfordert ein prozess-

Offen sein für die Anliegen der Mitarbeiter*innen

orientiertes und personenbezogenes Arbeiten, um den Lernerfolg zu optimieren. Wichtig sind Praxisbezug und Praxisbeispiele. Daher ist es wünschenswert, wenn eine Leitungsfortbildung berufsbegleitend stattfindet und damit den direkten Transfer des Erlernten ermöglicht.

In meiner langjährigen Tätigkeit als Referentin in und Entwicklerin von Leitungsqualifizierungen haben sich für mich Themen herauskristallisiert, die eine Leitlinie darstellen, wenn es um die Persönlichkeit der Leitung geht. Hier liegt ein besonderes Augenmerk auf der Reflexionsfähigkeit und eventuellen Neuorientierung durch Erfahrungslernen kombiniert mit neuen Erkenntnissen. Das heißt: Wenn klar wird, dass Wissen in Kombination mit einer reflexiven, wertschätzenden Haltung zu neuem Handeln führen kann, ermöglicht das in den meisten Fällen einen zufriedenstellenden Arbeitsalltag.

Wenn in dieser oder ähnlicher Form ein Themenkatalog zu einer Leitungsfortbildung entwickelt wird, zeigt sich die Bandbreite der Anforderungen sehr deutlich. Eine Kita-Leitung managt einen Betrieb, dessen Potenzial im Bereich der beschäftigten Erwachsenen und der zu betreuenden, zu erziehenden und zu bildenden Kinder liegt. Diese Aufgabe erfordert Fingerspitzengefühl, Einfühlungsvermögen, Energie, Wissen, Können und eine große Portion Humor.

Vorschlag für die Inhalte einer Leitungsfortbildung

Jede Leitung kann erkennen, an welchen Stellen es für sie Lern- und Erfahrungsbedarf gibt. So kann aus dem Themenkatalog nach individuellen Bedarfen ausgewählt werden.

Leiten in der Organisation
- Arbeitsplatzanalyse
- Organisationsanalyse
- Aufgaben und Ziele von Leitung
- Schlüsselqualifikationen
- Selbst- und Fremddefinition von Leitung

Identitätsfindung in der Leitungsrolle
- Motivation und Identifikation
- Rollenerwartungen
- Nähe und Distanz
- Macht und Ohnmacht
- Leitungsrolle und deren Wirkung
- Einsamkeit
- Konfliktbewältigung

Zusammenarbeit im Team
- Formelle und informelle Systeme
- Informationsfluss
- Teamprozesse und deren Dynamik
- Führen und Leiten
- Krisenanalyse
- Konfliktbearbeitung
- Motivation

Gesprächsführung und Beratungskompetenz
- Kommunikationsmodelle
- Grundlagen der Gesprächsführung
- Verbale und nonverbale Kommunikation
- Rhetorik
- Feedback
- Gestaltung von Gesprächen
- Umgang mit persönlichen Ressourcen

Moderation, Präsentation und Visualisierung
- Methodenvielfalt und Anwendung
- Grundhaltungen der Moderation
- Präsentationsmöglichkeiten
- Praxisübungen zur Visualisierung

Qualitätsentwicklung
- Qualitätsstandards
- Personalentwicklung
- Management
- Beratungssysteme: Supervision, Fachberatung, kollegiale Beratung, Coaching

Konzeptionsentwicklung und Projektmanagement
- Erarbeitung einer Konzeption
- Fortschreibung und Weiterentwicklung
- Projektentwicklung
- Projektbegleitung

Reflexion von Entwicklungsprozessen
- Veränderungsprozesse
- Lenkung und Initiative
- Wirkung von und in Gruppen
- Lernprozesse wahrnehmen und beschreiben
- Reflexion als Instrument des Lernens

8. Selbstführungskompetenz

Selbstführungskompetenz zählt zu den neueren Ansätzen psychologischer Führungsforschung. Man versteht darunter die absichtsvoll initiierte, bewusst kontrollierte und zielgerichtet gesteuerte Aktivierung, Nutzung und Entwicklung psychischer und körperlicher Ressourcen und Potenziale. Selbstführungskompetenz basiert auf psychischen Strukturen, die eine zuverlässige und wirksame Wissensaneignung, Wissensreproduktion, Handlungsaktivierung und Handlungsausführung gewährleisten; sie ist letztlich der Umfang an strategischem Wissen und Können, sich selbst zu führen. So weit die Beschreibung des Begriffs. Was heißt das aber nun ganz praktisch?

Sich gut organisieren und alles im Blick haben

Eine Kindertageseinrichtung zu leiten, ist eine Gratwanderung zwischen Nähe und Distanz – gegenüber Kindern, Eltern, Mitarbeiter*innen, technischem Personal, Vorgesetzten beim Träger und Vertreter*innen anderer Institutionen. Dabei immer das richtige Maß zu halten gelingt durch Partnerschaftlichkeit, Teamorientierung, Einfühlungsvermögen, Überzeugungskraft, Verhandlungsgeschick, Motivationstalent sowie Anpassungsfähigkeit an die jeweilige Situation und die Menschen, mit denen man es jeweils zu tun hat, um den richtigen Zugang zu finden. Zur einer kompetenten Selbstführung gehört jedoch auch, die eigenen Grenzen zu kennen, Niederlagen zu verkraften und immer wieder die eigene Kreativität und Willenskraft zu aktivieren. Dies bedarf der Selbstbeobachtung und kontinuierlichen Reflexion, des Zugangs zu den eigenen Gefühlen sowie des Bestrebens, positiven Denkhaltungen den Vorrang zu gewähren und das Umfeld so zu organisieren, dass die Arbeit gut bewältigt werden kann und als sinnstiftend empfunden wird.

Selbstführung ist ein Teil von Zeitmanagement, von Selbstmanagement und von Selbstentwicklung. Sie beinhaltet weiterhin, den Mitarbeiter*innen zu vertrauen und ihnen ein hohes Maß an Eigenverantwortung zu übertragen und zuzutrauen. Den eigenen Visionen zu vertrauen und die Visionen anderer Menschen als Inspiration zu sehen, gehört ebenfalls dazu (s. Schaubild S. 15).

An dieser Stelle wird in meinen Fortbildungen oft von Leitungskräften dagegengehalten. Die Argumente, warum das alles nicht gehe, müssen durchaus ernst genommen werden, ein paar davon seien hier genannt:

- „Der Fachkräftemangel nimmt viel Energie und Zeit in Anspruch."
- „Problematische Familien verändern meinen Arbeitsalltag."
- „Die Anforderungen und Entscheidungen des Trägers lassen mir kaum Zeit zum Luftholen."
- „Qualitätsentwicklung zu dokumentieren oder ein Verfahren anzuwenden gestaltet sich schwierig."
- „Die fachlichen Anforderungen und Standards zu bewältigen, fordert mich sehr."
- „Für eigene Fort- und Weiterbildung finde ich keine Zeit, weil ich nicht aus der Einrichtung wegkann."
- „Schwierige Mitarbeiter*innen und Konflikte im Team beschäftigen mich sehr."

Diese Reihe an Argumenten ließe sich fortsetzen. Jede Leitungskraft wird das ein oder andere für sich in Anspruch nehmen können. Die Frage ist: Was kann getan werden, um das Arbeitsleben gut zu managen und selbst im Gleichgewicht zu bleiben? Dafür gilt es, genau diese Argumente in den Blick zu nehmen, um eine Veränderung herbeizuführen. Selbstführung ist erlernbar und daher in jedem Fall fortbildungsrelevant.

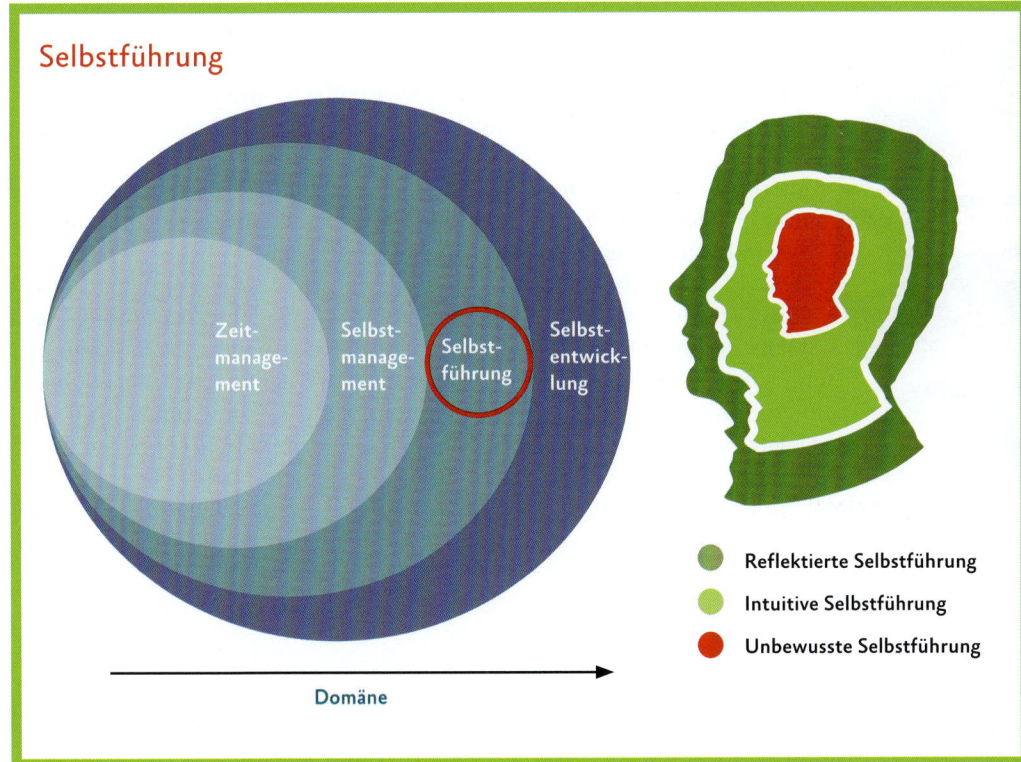

Quelle
Prof. Dr. Günter F. Müller, Universität Koblenz-Landau, Psychologie des Arbeits- und Sozialverhaltens

9. Anerkennung im Job

Eine Kita erscheint von außen immer als eine Institution mit klar geregelten Rahmenbedingungen. Die Gesetze der Länder regeln den Betrieb und sind Bestandteil der Betriebserlaubnis.
- Es gibt einen Träger, der letztlich die Verantwortung für die Einhaltung der gesetzlichen Regelungen „trägt".
- Es gibt festgelegte Öffnungszeiten,
- ein Fachkräftegebot für die Betreuung,
- einen bestimmten Fachkraft-Kind-Schlüssel, je nach Landesregelung,
- Zuständigkeiten der pädagogischen Fachkräfte für eine festgelegte Anzahl von Kindern – ob nun in Gruppen oder in der offenen Arbeit.
- Die Räume sind kindgerecht ausgestattet.
- Die Bildungsangebote sind vielfältig und entsprechen den neuesten fachlichen Standards.
- Die Zusammenarbeit mit den Familien ist Teil des Auftrags.
- Qualitätssicherungsverfahren sind standardisiert und werden umgesetzt.
- Beobachtung und Dokumentation der Entwicklung der Kinder sind durch ein Verfahren gesichert.
- Die Grundbedürfnisse der Kinder nach Nahrung, Sicherheit, Zuwendung, Akzeptanz und Anerkennung werden erfüllt.

Diese Aufzählung könnte sicher noch fortgesetzt werden, soll aber hier nur einen Eindruck vermitteln, was den Blick von außen auf die Kita ausmacht. Dieser Blick hat jedoch auch einen blinden Fleck – und zwar immer dann, wenn es um die gesellschaftliche Anerkennung geht und pädagogische Fachkräfte ernst genommen werden wollen in ihrer Arbeit. Dafür müssen sie nach wie vor oft kämpfen, weil sie häufig mit der Meinung konfrontiert werden, dass Kindererziehung ein Kinderspiel sei und Eltern das ja auch ohne Ausbildung bewältigen würden. Der Unterschied ist jeder Fachkraft bewusst und muss in der Fachwelt nicht diskutiert werden, da klar ist, wie umfänglich die Ausbildung und wie umfänglich die Fort- und Weiterbildung ist, um die fachlichen Standards und die neuesten wissenschaftlichen Erkenntnisse in das Berufsleben zu integrieren. Der Teil der Arbeit, der den täglichen Stress ausmacht, und die hohen und ständig zunehmenden Anforderungen, mit denen Erzieher*innen konfrontiert sind, werden nicht gesehen. Für die Leitung kommen weitere Aufgaben hinzu – und auch ihr fehlt, wie ihren Mitarbeiter*innen, häufig

Anerkennung sollte sich auch im Gehalt ausdrücken

die Anerkennung. In meinen Fortbildungen berichten Leitungskräfte immer wieder, wie sehr sie sich, gerade am Anfang ihrer Tätigkeit, Anerkennung erkämpfen müssen. Sie werden in besonderem Maße in den Blick genommen: vom Träger, von den Mitarbeiter*innen, den Eltern, den Kooperationspartnern etc. Wenn sie dann viele Situationen gemeistert haben und Selbstbewusstsein zeigen, entsteht langsam Achtung vor dem Job, den sie machen. Wenn das geschieht, ist die Leitung in ihrer Position „angekommen".

Ein wichtiger Faktor: die Vergütung

Eine wichtige Voraussetzung für berufliche und gesellschaftliche Anerkennung ist sicher auch die Vergütung der Tätigkeit. Im öffentlichen Dienst wird nach TVöD, also nach Tarif, gezahlt. Alle anderen Träger haben Haustarife und die Gehälter differieren, bei gleicher Beschäftigung, erheblich.

Beim TVöD gibt es eine Zuordnung nach Platzzahl der Einrichtungen. Die höchste Eingruppierung S 18 (Leitung einer Kita mit mind. 180 Plätzen), Stufe 1–2 im Grundentgelt, entspricht einem Gehalt zwischen € 3.610,85 und € 3.721,18. Es gibt hier noch weitere Entwicklungsstufen und das derzeitige Höchstgehalt betrüge bei Erreichen von Stufe 6 € 5.446,34. Das alles gilt bei Vollbeschäftigung: 38,5 bzw. 40 Wochenstunden, je nach Träger und Bun-

Eingruppierung von Kita-Leitungen im TVöD SuE

Die Eingruppierung in die Entgeltgruppen der S-Tabellen ist nach den Tätigkeitsmerkmalen geordnet. Folgende Tätigkeitsmerkmale (Auszug) sind dabei relevant:

Entgeltgruppe	Tätigkeit als
S 18	Leiter in Kita (ab 180 Plätze), Leiter in Erziehungsheim
S 17	Leiter in Kita (ab 130 Plätze)
S 16	Leiter in Kita (ab 100 Plätze)
S 15	Leiter in Kita (ab 70 Plätze)
S 14	Sozialarbeiter mit Garantenstellung
S 13	Leiter in Kita (ab 40 Plätze)
S 12	Sozialarbeiter mit schwieriger Tätigkeit
S 11 b	Sozialarbeiter
S 11 a	Stv. Leitung Behinderteneinrichtung
S 10	nicht besetzt
S 9	Leiter in Kita, Koordinierender Erzieher, Heilpädagoge
S 8 b	Erzieher mit schwieriger Tätigkeit
S 8a	Erzieher
S 7	Gruppenleiter in Werkstatt
S 6	nicht besetzt
S 5	nicht besetzt
S 4	Kinderpfleger mit schwieriger Tätigkeit
S 3	Kinderpfleger
S 2	Beschäftigter als Kinderpfleger

Quelle
www.oeffentlichen-dienst.de/kita.html#4

desland. Die Gewerkschaft Erziehung und Wissenschaft (GEW) hat dazu eine Entgelttabelle veröffentlicht, die als Richtwert gelten kann (www.gew.de).

Zu wünschen bleibt für diesen Posten im mittleren Management mit hoher Personalverantwortung eine gute fachliche Anerkennung und ein angemessenes Gehalt, das dem von ähnlichen Jobs in der Wirtschaft entsprechen sollte, in denen die Verantwortung vergleichbar ist.

10. Das heimliche Thema: Macht

Macht ist im pädagogischen Denken ein negativ besetzter Begriff. Wir assoziieren damit Ungerechtigkeit, autoritäres Verhalten, keine demokratischen Prozesse und Willkür des Handelns. Auf diese Weise kann ein Mensch mit Macht agieren, wird es aber in Leitungsverantwortung damit schwer haben oder gar Protest und innere Kündigung ernten. Durch falsch eingesetzte Macht sind ganze Systeme zerstört worden, weil die Achtung und Wertschätzung der Menschen dabei ins Hintertreffen gerät.

Die andere Seite der Macht heißt, in die Verantwortung zu gehen, sich für wichtige Belange der Kita und ihrer Mitarbeiter*innen einzusetzen, faire Handlungsstrategien einzufordern und umzusetzen, Partizipation und demokratische Prozesse als einzige Möglichkeit des Umgangs miteinander zu verstehen und Sorge zu tragen für ein sinnstiftendes Miteinander. Bedeutsam dafür ist, wie Leitung ihre Macht einsetzt, nutzt und welches grundsätzliche Menschenbild sie hat.

Warum ist Macht also ein „heimliches Thema"? Weil es – gerade im sozialen Bereich – nicht einfach ist zuzugeben, dass Macht, als Einflussnahme verstanden, auch beflügelnd und befriedigend sein kann. Es macht Lust auf mehr, wenn Leitung erlebt, wie wichtig ihre Haltung und Meinung ist und wie viel Wert auf ihre Sichtweise gelegt wird. Eine Leitung, die ihre Macht im positiven Sinne nutzt, wird als Autorität anerkannt und erfährt viel Wertschätzung. Im Alltag gehört dazu auch die Macht, Mitarbeiter*innen zu sanktionieren oder Anordnungen zu treffen, die auf wenig Gegenliebe stoßen. Ein Beispiel wäre das ständige Zuspätkommen einer Kollegin. Wenn Leitung das ignoriert, werden die anderen Mitarbeiter*innen das kritisieren und die Ermahnung der Kollegin erwarten – allein schon deshalb, weil sie mit ihrer eigenen Pünktlichkeit gesehen werden wollen. Leitung muss und darf an solchen Punkten kritisieren und Veränderung einfordern oder auch Sanktionen verhängen. Da hört es dann mit der Lust an der Macht meist auf.

Macht wird verliehen durch die Übernahme der Leitungsrolle, weil die Person etwas zu geben hat, kompetent ist und die Verantwortung übernimmt. Wichtig ist, Autorität, Macht und Einfluss konstruktiv zu nutzen und für Transparenz der eigenen Haltung und des eigenen Handelns zu sorgen. Wenn Leitung dagegen willkürlich und unreflektiert mit ihrer Macht umgeht, kommt es zu schwerwiegenden Konflikten. Kommt keine Intervention vonseiten des Trägers, kann die Situation eskalieren. Arbeitsprozesse stagnieren, Tratsch und Klatsch gewinnen die Oberhand, die Bildung von Koalitionen im Team führt zur Spaltung etc. Leitung kann da viel tun, indem sie sich selbst in den Blick nimmt, ihr Verhalten reflektiert und sich Beratung und Unterstützung holt, damit für alle die Freude an der Arbeit zurückkehrt (dazu mehr in den Kapiteln II.3 und II.10).

Zum Abschluss des Kapitels „Leitung werden" folgt eine Checkliste (s. S. 18), die im Vorfeld der Bewerbung auf eine Leitungsstelle ausgefüllt werden kann, um eine Selbsteinschätzung im Hinblick auf die neuen Aufgaben und Anforderungen vorzunehmen.

Macht kann genutzt werden, um sich für wichtige Belange der Kita einzusetzen

Checkliste Leitung werden

	Ja	zum Teil	Nein
Ich habe grundlegendes Wissen zu den Themen der aktuellen Pädagogik.			
Den Bildungsplan für Kitas in meinem Bundesland kenne ich.			
Die pädagogischen Vorgaben kann ich umsetzen.			
Die rechtlichen Rahmenbedingungen und die gesetzlichen Grundlagen kenne ich.			
Die Philosophie und das Leitbild des Trägers entsprechen meinen Vorstellungen.			
Die pädagogische Konzeption ist mir bekannt und entspricht meiner Vorstellung.			
Ich traue mir zu, Vorgesetzte*r zu sein und Entscheidungen umsetzen zu können.			
Ich bin mir darüber im Klaren, dass Leitung eine andere Rolle im Team hat.			
Die Gesamtverantwortung für alle Belange einer Kita macht mir keine Angst/Sorge.			
Ich kann sicher und logisch argumentieren, wenn ich von den Inhalten überzeugt bin.			
In Konflikten kann ich mit unterschiedlichen Standpunkten umgehen und meine Position dazu erklären.			
Ich leite gerne andere Menschen (Erzieher*innen, Praktikant*innen, Servicepersonal etc.) an.			
Meine persönliche Haltung ist grundsätzlich von Wertschätzung, Gerechtigkeitssinn, Fairness, Toleranz und demokratischen Grundsätzen geprägt.			
Ich habe Lust auf Neues und auf Fortbildung zur Aufgabenvielfalt einer Leitung.			
Teamsitzungen, Arbeitsbesprechungen, Elterngespräche, Leitungsbesprechungen und andere Gesprächsrunden bereite ich gerne vor und leite sie gerne an.			
Ich habe Leitungserfahrung aus anderen beruflichen Zusammenhängen.			
In meiner Berufsbiografie habe ich die Leitung für Projekte und Aufgaben übernommen.			
Verwaltungsaufgaben bewältige ich organisiert.			
Betriebswirtschaftliche Grundlagen kann ich mir anhand aktueller Informationen des Trägers erschließen.			

Der Lern- bzw. Fortbildungsbedarf ergibt sich dann aus den Antworten, die Hilfestellung für eine Bewerbung sein können. Es ist ratsam, beim Bewerbungsgespräch offen mit dem eigenen Lernbedarf umzugehen und Unterstützung zu erfragen. Es muss nicht alles mit Ja beantwortet werden; es soll hier nur deutlich werden, ob es Entwicklungsbedarf gibt und, wenn ja, an welchen Stellen.

II. Leitung sein

1. Organisationsabläufe gestalten

Der Beginn der Leitungstätigkeit ist im Wesentlichen davon geprägt, sich hinsichtlich der bestehenden Strukturen und Abläufe kundig zu machen. Wenn bereits im Bewerbungsverfahren Veränderungswünsche besprochen wurden, ist sehr schnell zu klären, ob und was die Mitarbeiter*innen davon wissen und wie der Zeitrahmen gesteckt ist. Die Praxis zeigt, dass häufig bei einem Leitungswechsel Veränderungswünsche bezüglich des Konzepts, der Personalsituation, der Team- oder Qualitätsentwicklung, der pädagogischen Prozesse, Baumaßnahmen, Öffnungszeiten oder der Gestaltung der Zusammenarbeit mit den Familien gewünscht bzw. von der neuen Leitung gefordert werden. Hier ist Vorsicht geboten – und ganz schnell zu klären, ob es sich um „heimliche" Aufträge des Trägers handelt (quasi am Team vorbei) oder um „offene Aufträge", die allen bekannt sind und deren Umsetzung strittig ist. Im ersten Fall kann nur geraten werden, möglichst schnell für Transparenz zu sorgen, um tätig werden zu können und sich nicht gleich aufs Glatteis zu begeben. Im zweiten Fall geht es darum, einen Ablaufplan zu erstellen, Prioritäten zu setzen und nach genauer Kenntnis aller Bedingungen mit der Arbeit am Auftrag zu beginnen.

Wünschenswert ist eine Einarbeitungszeit durch den/die Vorgänger*in oder eine erfahrene Kollegin bzw. einen erfahrenen Kollegen. Dafür braucht es ein gutes Klima und eine Willkommenskultur, die so etwas vorsieht (dazu mehr in Kapitel III.7). Wenn es keine Vorgaben und Aufträge im Vorfeld gibt, ist es ratsam, sich Zeit zu lassen beim Kennenlernen der Abläufe. Sich ein Bild zu ma-

Notwendig: Eine gute Planung und das Delegieren von Aufgaben

chen von dem, was den Tagesablauf der Einrichtung prägt, zu erforschen, welche Routinen und Rituale es gibt und mit welchen pädagogischen Standards das Fachpersonal ausgestattet ist – das ist nur möglich im Kontakt und in Gesprächen mit allen Mitarbeiter*innen.

Verwaltungsarbeit

Je nach Größe der Einrichtung und des Trägers ist die Verwaltungsarbeit einer Kita relativ umfangreich und zeitintensiv. Eine berechtigte Frage wäre, warum es keine Verwaltungsfachkraft gibt. In jedem Wirtschaftsbetrieb in vergleichbarer Größe einer Kindertageseinrichtung mit 80 bis 300 Plätzen und entsprechend vielen Mitarbeiter*innen würde diese Frage nicht gestellt, sondern die Stelle wäre besetzt! Die Wünsche von Kita-Leitungen bezüglich ihrer pädagogischen und konzeptionellen Aufgaben könnten dann mehr Zeit und Platz finden. Das ist leider Zukunftsmusik und daher wird Leitung im Regelfall immer mit einem großen Teil an Verwaltungsarbeit konfrontiert sein. Selbst wenn große Träger viele Verwaltungsaufgaben übernehmen, bleibt dennoch ein großer Teil zurück, der bewältigt werden muss. Dafür braucht es ein gutes Zeitmanagement, entsprechende Technik und gute räumliche Bedingungen.

Aufgabenverteilung

Zum Erkunden der Abläufe gehört auch, sich anzuschauen, wie die Aufgabenverteilung im Haus aussieht. Gibt es eine stellvertretende Leitung, eine Abwesenheitsvertretung oder Bereichsleitungen für Krippe, Kindergarten und Hort? Wenn ja, welche Aufgaben beinhaltet die jeweilige Tätigkeit? Soll das so bleiben oder möchten Sie als neue Leitung da etwas verändern? Hier ist es ratsam, sich erst einmal ein Bild zu machen, ob es gut läuft, und nicht gleich Veränderungen einzuleiten. Geduld zahlt sich in diesem Falle aus und brüskiert nicht gleich die Mitarbeiter*innen. Das heißt nicht, dass keine Fragen gestellt werden sollen, sondern es heißt, zunächst mit Vorsicht und Achtsamkeit das Terrain zu erkunden und keine voreiligen Schlüsse zu ziehen.

Nach der Neuwahl eines Bundespräsidenten findet nach 100 Tagen die erste Pressekonferenz statt. Die ersten 100 Tage gelten als Kennenlern- und Einarbeitungsbonus. Ich plädiere sehr dafür, so etwas zu übernehmen oder sich das – zumindest innerlich – selbst zu gönnen und nicht alles sofort wissen und richtig machen zu wollen. Nach einem ersten Vierteljahr ein Resümee zu wagen und sich selbst eine innere Pressekonferenz zu gönnen, wäre schön.

Überprüfen der Abläufe

Eine abschließende Frage muss sein, ob Sie die Organisationsabläufe des Hauses gut und durchdacht finden und ob sie Ihrem Arbeitsstil entsprechen. Wenn nicht, dann beginnt die Veränderung jetzt. Am besten mit einem Plan und einer Information an alle Mitarbeiter*innen in der nächsten Teamsitzung.

Eine gute Möglichkeit ist, sich in den ersten Wochen einen Themenspeicher anzulegen, in dem die Fragen, Abläufe etc. eingetragen werden, die auffallen und einfallen. Für einen

---

Reflexionsfragen nach 100 Tagen

- Wie war die Zeit?
- Was gefällt mir gut?
- Was möchte ich gerne verändern?
- Wo gibt es dringenden Gesprächsbedarf?
- Wie ist das Klima in der Einrichtung?
- Wie ist die Zusammenarbeit mit dem Träger?
- Wo brauche ich Hilfe, Unterstützung und Fortbildung?
- Was ist im Team los?

Themenspeicher eignet sich ein einfaches Blatt mit einer Überschrift. Anschließend können alle notierten Punkte auf ein Flipchart übertragen werden zur Visualisierung der Gedanken und zur Weiterarbeit mit einer ausgewählten Methode. Ein Beispiel dafür ist das Plakat zu den Zeitfressern (rechts).

So kann gemeinsam an den Organisationsabläufen gearbeitet werden. Lassen Sie kontroverse Diskussionen zu, ohne dabei das eigene Anliegen aus dem Blick zu verlieren. Manchmal klären sich auf diese Weise Fragen, und das Sprechen über Stolperstellen hat immer eine Wirkung im gesamten Team. Partizipation geschieht, wenn Mitarbeiter*innen mitgenommen werden und Einfluss nehmen können auf Entscheidungen und Veränderungen. Sie hat immer Erfolg, auch wenn es keinen Konsens gibt. Der Diskussionsprozess ist entscheidend für das Gefühl, beteiligt zu sein.

Literaturtipp

Brodowski, M. (Hrsg.) (2018): Das große Handbuch Organisation und Verwaltung in der Kita. Kronach: Carl Link.

Günster-Schöning, U. (2015): Teamsitzungen vorbereiten und moderieren. kindergarten heute – management kompakt. Freiburg: Herder.

Seiwert, L. J. (2012): Wenn du es eilig hast, gehe langsam. Mehr Zeit in einer beschleunigten Welt. Frankfurt a. M.: Campus.

Quelle
Ina Schütt

2. Zusammenarbeit mit dem Träger

Loyalität, Verschwiegenheit und Akzeptanz sind Voraussetzungen, die beide Seiten – Leitung wie Träger – voneinander erwarten können. Gibt es Meinungsverschiedenheiten oder Kritik an Vorgängen oder Verfahren, sollte der künftige Umgang damit verbindlich festgelegt werden.

Der Träger einer Einrichtung, auch im sozialen Bereich, muss in jedem Fall unternehmerisch denken und verantwortlich mit den Finanzen sowie mit den rechtlichen Rahmenbedingungen umgehen. Das ist die Basis für einen effizienten Umgang mit allen Belangen, die für eine Kindertageseinrichtung relevant sind. Das hört sich einfach an, erweist sich aber in der Praxis als durchaus kompliziert. Nicht immer sind die Rahmenbedingungen so komfortabel, dass es sich leicht arbeiten lässt, und an vielen Stellen werden die Finanzen für Missstände verantwortlich gemacht. Die Finanzierung von kommunalen Einrichtungen ist mit einem Verhandlungsspielraum versehen, was dazu führt, dass selbst an ein und demselben Ort die Finanzleistungen für die ansässigen Kitas unterschiedlich ausfallen können. Ich bin immer wieder erstaunt, wie häufig Leitungen zu den Finanzen keine Informationen haben, den Jahresetat für ihre Einrichtung nicht kennen und sich nicht trauen, danach zu fragen. Die Kostenverhandlungen mit der Kommune werden ohne die Leitung nur vom Träger geführt.

Leitung muss beteiligt sein

Einerseits soll eine Kita verantwortlich geleitet werden mit allen aktuellen Anforderungen, die gestellt werden, andererseits soll die Leitung keinen Einblick in die Finanzierung haben. Das grenzt in meinen Augen an Entmündigung. Kostenbewusstsein entwickelt sich ausschließlich durch Transparenz. Erst wenn ich verstehe, wie das Geld fließt, kann ich entscheiden, wofür es ausgegeben wird, und mir ggf. auch Sparmaßnahmen überlegen. Wenn eine Leitung aber nicht weiß, wie viel sie im Jahr ausgeben kann für Anschaffungen, Fortbildung, Fahrtkosten, Gebäudeunterhalt, Gehälter etc., wird es schwierig, durchdachte Entscheidungen zu treffen. Daher ist es sehr ratsam, sich genau nach dem finanziellen Background, den konkreten Zahlen und dem sich daraus ergebenden Etat für die Einrichtung zu erkundigen. Inzwischen gewährt ein Großteil der Kita-Träger Einblick in den Haushalt und bezieht die Leitung in die Planung für das eigene Haus mit ein. Und das mit großem Erfolg, weil Leitungen verstehen, was geht und was nicht, und so wirtschaftlich und effizient in ihren Einrichtungen planen können.

Mit dem Träger die jeweiligen Aufgabenbereiche abstecken

Wer übernimmt welche Aufgaben?

Das Leitbild und die Philosophie des Trägers sind die leitenden Ausrichtungen für die Zusammenarbeit. Die Informationen dazu erfolgen in der Regel bereits im Bewerbungsverfahren. Um – ausgehend von dieser Basis – eine gute Zusammenarbeit zu gewährleisten, sind einige Punkte zu beachten, damit Missverständnisse, Konflikte und daraus resultierende Unzufriedenheit gar nicht erst aufkommen. Gesprächs- und Klärungsbedarf über die jeweilige Zuständigkeit und Verantwortung besteht in den folgenden Bereichen:

- Pädagogische Konzeption
- Verwaltungsaufgaben
- Personalauswahl (wer entscheidet mit wem?)
- Mitarbeiterführung (wer ist weisungsberechtigt?)
- Fortbildung, Supervision, Fachberatung
- Beschwerdemanagement
- Qualitätsmanagement
- Besprechungs- und Konsultationszeiten
- Weitergabe von Informationen
- Gesundheitsmanagement
- Umsetzung und Berücksichtigung rechtlicher Grundlagen
- Finanzen

Diese Aufgabenbereiche sind je nach Träger unterschiedlich, können aber alle in die Verantwortung der Leitung gelegt werden. Je mehr Aufgaben hier allein bei der Leitung liegen, umso mehr Zeit benötigt sie für deren Bewältigung. Entlastung könnte hier natürlich eine Verwaltungsfachkraft schaffen, die der Leitung zur Seite gestellt wird. In jedem Fall ist es wünschenswert, dass die Aufgabenbereiche in gemeinsamer Verantwortung und Absprache mit dem Träger bewältigt werden.

In den meisten Kitas übernehmen Mitarbeiter*innen des Trägers einen Teil der Aufgaben und machen konkrete Vorgaben für die Umsetzung in den Einrichtungen. In der Regel ist die Leitung beteiligt und auch einbezogen in die Entscheidungen. Wenn dem nicht so ist, sollte eine Veränderung angestrebt werden. In einem Gespräch mit dem Träger kann im Hinblick auf die oben genannten Aufgaben ein Ist-Stand ermittelt werden. Hier kann Leitung deutlich machen, in welche Aufgaben sie involviert sein möchte bzw. muss, z. B. bei der Personalauswahl. Die Frage ist also: Wer macht was mit wem und wann? Wenn es diesbezüglich einen guten Handlungsspielraum gibt, die Rahmenbedingungen besprochen sind und das alles Akzeptanz findet, entsteht ein großes Stück an Sicherheit für das Handeln der Leitungskraft.

Wenn eine Trägerentscheidung für die Leitung nicht akzeptabel ist oder ihren eigenen Vorstellungen völlig zuwiderläuft, ist es ratsam, das Gespräch zu suchen, die eigene Haltung zu überprüfen und sich gegenüber den Mitarbeiter*innen nicht gegen den Träger zu positionieren. Ist dies aber unumgänglich, weil das eigene Gewissen nicht mehr damit umgehen kann, bleibt nur der Weg, für Transparenz zu sorgen und die Unzufriedenheit deutlich zu machen. Loyalität und Integrität werden in diesem Fall auf die Probe gestellt. Meine Erfahrung ist, dass in den Fällen, in denen Transparenz hergestellt wird, eine Lösung eine Chance bekommt und durchaus erfolgreich sein kann.

Literaturtipp
Fthenakis, W. E./Hanssen, K. et al. (Hrsg.) (2003): Träger zeigen Profil. Qualitätshandbuch für Träger von Kindertageseinrichtungen. Weinheim, Basel: Beltz.
Klug, W./Kratzmann, J. (2018): Erfolgreiches Kita-Management. Unternehmens-Handbuch für LeiterInnen und Träger von Kitas. 4. Auflage, München: Ernst Reinhardt.

3. Krisen- und Beschwerdemanagement

In diesen Bereich fließt viel Energie von Leitungskräften. Sie haben die täglichen kleinen Krisen und Beschwerden zu managen. Das beginnt mit der morgendlichen Bestandsaufnahme der Situation:
- Sind alle pädagogischen Fachkräfte da? Gibt es Krankmeldungen?
- Ist das technische Personal im Haus?
- Ist das Essen bestellt?
- Was ist heute terminiert und bedarf der Vorbereitung?
- Gibt es dringende Mitteilungen an die Eltern?
- Gibt es dringenden Gesprächsbedarf zur Situation einzelner Kinder?
- Welche Büroarbeiten müssen heute erledigt werden?
- Was duldet keinen Aufschub mehr? usw.

Das alles gehört zum täglichen „Check-up", bevor die „eigentliche" Arbeit beginnt. Immer dann, wenn es einer Intervention, Handlung, Planung, Durchführung bedarf, sind Disziplin, Organisationstalent und Einfallsreichtum erforderlich. Die Größe einer Einrichtung entscheidet darüber, wie viel Zeit dafür benötigt wird. Um die Betriebsabläufe zu garantieren, ist schnelles Handeln gefragt. Das bedeutet, dass die Belastbarkeit in kritischen Situationen hoch sein muss. Deutlich wird am Anfang des Tages, wie hoch die Erwartungen an die Leitung sind und was „so eben mal schnell nebenbei" erledigt wird. Natürlich entstehen im Laufe der Tätigkeit Routinen und so manche Situation ist standardisiert und erfordert mit zunehmender Erfahrung nicht mehr so viel Energie wie beim ersten Mal.

Beispiel für ein Beschwerdemanagement

1. Die Beschwerde in Ruhe entgegennehmen, ohne Gegenrede und ohne Rechtfertigung. Zuhören und ausreden lassen!
2. Die Beschwerde in eigenen Worten zusammenfassen und klären, ob das Anliegen verstanden worden ist.
3. Das Anliegen ernst nehmen und Verständnis zeigen.
4. Sich für die Offenheit bedanken und die weiteren Schritte benennen.
5. Die Beschwerde protokollieren oder den Beschwerdeführer um eine schriftliche Stellungnahme bitten (hier kann ein vorbereitetes Beschwerdeformular hilfreich sein). Mit den Unterschriften versehen.
6. Eine Beschwerde hat mit Vertrauen zu tun und bedarf der Diskretion beider Seiten, um die Klärung nicht zu erschweren.
7. Die Fakten der Beschwerde überprüfen und protokollieren und den Träger informieren.
8. Beteiligte Personen zum Gespräch bitten, um das Problem von allen Seiten gehört zu haben. Eventuell erste Lösungen überlegen oder die Beschwerde als gegenstandslos bewerten.
9. Dem Beschwerdeführer einen oder mehrere mögliche Lösungsvorschläge unterbreiten.
10. Eine einvernehmliche Vereinbarung treffen, die ebenfalls schriftlich festgehalten wird.
11. Erledigt ist erledigt und wird nicht wieder aufgewärmt oder an anderer Stelle nochmals hervorgeholt.
12. Chance und Neuanfang.

Eine Krise bedeutet immer eine Bedrohung, aus den geordneten Bahnen zu geraten, beinhaltet aber auch eine Chance zum Lernen, neu Denken und Verändern. Hier geht es vorrangig um Krisen und Beschwerden bezüglich der Abläufe einer Kita und in der Zusammenarbeit mit den Familien. Krisen im Team finden an anderer Stelle Beachtung (s. Kapitel II.10).

Konflikte und Beschwerden müssen bearbeitet werden ...

Umgang mit Beschwerden

Es ist ratsam, im Rahmen einer Qualitätssicherung ein Prozedere für Beschwerden festzulegen – egal, ob sie von intern oder extern kommen (s. Kasten S. 23). Das schafft Transparenz und gibt allen Beteiligten Sicherheit. Dennoch löst jede Beschwerde Emotionen aus, mit denen umgegangen werden muss. Eine Beschwerde kann aber durchaus auch als Geschenk gesehen werden, weil sie den Blick in eine Richtung lenkt, die bisher keine Beachtung fand, und möglicherweise auf notwendige Veränderungen hinweist. Sie macht in jedem Fall eine Unzufriedenheit deutlich, die es zu beleuchten gilt. Ernstnehmen ist also der erste Schritt. Beschwerdeführer*innen (in den meisten Fällen Eltern der betreuten Kinder), deren Anliegen ernst genommen und zur Zufriedenheit gelöst werden konnte, sind dem Haus oft sehr verbunden, fühlen sich gut aufgehoben und empfehlen die Einrichtung gerne weiter oder erwähnen den Verlauf als positives Erlebnis.

... damit einvernehmliche Lösungen gefunden werden können

Literaturtipp

Haeske, U. (2001): Beschwerden und Reklamationen managen. Weinheim: Beltz.

Jendahl, A. (2015): Die Einführung eines Beschwerdemanagements in einer Kindertageseinrichtung. Aufgaben und Ziele. Studienarbeit. München: GRIN.

Teetz, A. (2012): Krisenmanagement. Rational entscheiden – Entschlossen handeln – Klar kommunizieren. Stuttgart: Schäffer-Poeschel.

4. Mitarbeiter*innengespräche

Alle Mitarbeiterinnen und Mitarbeiter wollen wahrgenommen, wertschätzend behandelt und mit ihren Anliegen verstanden werden. Die Leitungsrolle beinhaltet nicht nur die Fürsorgepflicht für die Kinder, sondern auch für das Personal sowie die Einhaltung von Arbeitsschutz- und Gesundheitsschutzbedingungen. Zu bestimmten Anlässen und Terminen müssen Mitarbeiter*innengespräche geführt werden, die eine Beurteilung der Tätigkeit zur Folge haben können oder dazu gedacht sind, Fortbildungsbedarfe zu erörtern oder festzulegen. Anlässe dafür können beispielsweise sein:

- Wiedereingliederung nach längerer Erkrankung
- Ende der Probezeit bei Neueinstellungen
- Veränderungen des Arbeitsvertrags oder der Arbeitszeit
- Zeugniserstellung auf Wunsch des Mitarbeiters/der Mitarbeiterin
- Mitteilung von Trägerentscheidungen
- Einschätzung der Tätigkeit für eine Höhergruppierung des Gehalts
- Mitarbeitereinführung/Erstgespräch
- Bewerbungsgespräch
- Zielvereinbarung etc.

Für die Personalentwicklung einer Kindertageseinrichtung sind Mitarbeiter*innengespräche unerlässlich. Hier können Ressourcen ergründet und Potenziale entdeckt werden, die sich im Alltag nicht so deutlich zeigen oder in den Hintergrund gerückt sind. Für die Leitung bieten sie zudem die Möglichkeit, sich in der Vorbereitung zum Gespräch intensiv mit dem Portfolio einer Mitarbeiterin/eines Mitarbeiters zu befassen.

Ein regelmäßiges, einmal jährlich stattfindendes Gespräch, das die Weiterentwicklung der Mitarbeiterin/des Mitarbeiters im Blick hat, ist das sogenannte Zielvereinbarungsgespräch. Die Inhalte sind hier klar definiert, denn die Mitarbeiterin/der Mitarbeiter soll sich reflektieren, Wünsche und Unterstützungsbedarfe einbringen, neue Perspektiven entdecken, Fort- und Weiterbildungswünsche benennen, gemeinsam mit der Leitung Ziele formulieren und das Gespräch insgesamt als hilfreich und wertschätzend erleben. Alle anderen Mitarbeiter*innengespräche gehören zum täglichen Geschäft und finden im Verlauf des ganzen Jahres statt. Da gibt es nicht nur erfreuliche Anlässe, sondern häufig beziehen sich diese Gespräche auf eine vorangegangene Konflikt- oder Belastungssituation. Die Leitung hat die Aufgabe, solche Gespräche möglichst zeitnah zu führen. Anlässe für schwierige Gespräche können sein:

- Konfliktgespräch aus aktuellem Anlass (z. B. Elternbeschwerden, Streit mit einer Kollegin/einem Kollegen, Mobbing, Arbeitsverweigerung, Unpünktlichkeit etc.)
- Gesundheitsfürsorgegespräch bei befürchteten oder beobachteten Gefahren (z. B. Alkohol-, Tabletten-, Drogenmissbrauch etc.)
- Kündigungsgespräch
- Beendigung der Probezeit und des Arbeitsverhältnisses
- Arbeitsplatzveränderung (Versetzung in einen anderen Bereich oder Übertragung neuer Aufgaben)
- Ermahnungs- oder Abmahnungsgespräche bei zu sanktionierendem Fehlverhalten

Gesprächsvorbereitung

Generell muss im Vorfeld geklärt sein, aus welchem Anlass und mit welchem Ziel das Gespräch stattfinden soll. Ebenso sind Ort, Zeit und teilnehmende Personen vorher zu benennen wie auch die Erwartung, dass die Mitarbeiterin/der Mitarbeiter sich darauf vorbereitet. Je mehr Klarheit über den Anlass und das Ziel des Gesprächs besteht, desto besser kann das Gespräch vorbereitet und geführt werden. Es gibt viel Literatur zum Thema Gesprächsführung sowie Vorlagen für Checklisten, Fragebögen und Dokumentationshilfen. Im Folgenden wird eine Möglichkeit vorgestellt, die sich bewährt hat.

Die meisten Gespräche finden im Büro der Leitung, im Elternsprechzimmer oder im Mitarbeiter*innenraum statt, in kleinen Einrichtungen mit wenig Raumkapazität auch im Gruppenraum. Manchmal kann es auch sinnvoll sein, die Einrichtung zu verlassen und z. B. einen gemeinsamen Spaziergang für das anstehende Gespräch zu nutzen. Im Gehen (möglichst in der Natur) lässt es sich bekanntlich gut denken und sprechen. Gespräche finden zum Teil auch im Café oder Restaurant statt. Dort herrscht allerdings meist keine Störungsfreiheit, denn es könnte Mithörer*innen geben. In jedem Fall sollte die Entscheidung für einen Ort immer in Absprache mit der Mitarbeiterin/dem Mitarbeiter getroffen werden.

Kontinuierlich mit den Mitarbeiter*innen im Gespräch

Gesprächsführung

Für ein konstruktives und zielführendes Gespräch sollten – unabhängig vom Gesprächsort – folgende Punkte berücksichtigt werden:
- Das Setting angenehm und für beide akzeptabel gestalten
- Für eine ungestörte Atmosphäre sorgen
- Für Sicherheit und Schutz sorgen
- Alle Aufmerksamkeit dem Gegenüber widmen
- Die eigene persönliche Situation berücksichtigen
- Die Situation der Mitarbeiterin/des Mitarbeiters berücksichtigen

---

Vorbereitung von Mitarbeiter*innengesprächen

Mitteilung an die Mitarbeiterin/den Mitarbeiter:
- Termin
- Ort
- Zeitumfang
- Teilnehmer*innen
- Anlass des Gesprächs
- Erwartete Vorbereitung

Vorbereitung der Leitung auf das Gespräch (je nach Gesprächsanlass auswählen):
- Klären, ob Ort, Raum, Zeit und Störungsfreiheit gesichert sind
- Sich gedanklich auf die Mitarbeiterin/den Mitarbeiter einstellen
- Besonderheiten berücksichtigen
- Situationen erinnern
- Notizen zum Verlauf des letzten Jahres der Mitarbeiterin/ des Mitarbeiters machen
- Ziele für die Zukunft formulieren

- Die eigene Intuition wirken lassen und nutzen
- Feedback nutzen
- Perspektivwechsel ermöglichen und selbst nutzen
- Störungen benennen und ernst nehmen
- Schwierige Themen sachlich beschreiben
- Wertschätzend, einfühlsam und verständnisvoll mit dem Gegenüber umgehen
- Wertungen und Zuschreibungen erkennen und stoppen
- Einen fairen Umgang miteinander sichern
- Für eine gute Zusammenfassung der Ergebnisse sorgen
- Sich an Vereinbarungen halten
- Eine klare und verständliche Sprache verwenden

Gespräche frühzeitig einplanen

Am Ende des Gesprächs ist gegenseitiges Einvernehmen hinsichtlich der Vereinbarungen erforderlich. Diese sollten schriftlich festgehalten werden. Für Zielvereinbarungsgespräche gilt: Eine Zielvereinbarung zu treffen bedeutet, Ergebnisse und Arbeitsleistungen gut überprüfen zu können. Die gemeinsam mit der Mitarbeiterin/dem Mitarbeiter erarbeiteten Ziele erhöhen die Arbeitsmotivation und sind letztendlich die Grundlage der Qualitätsentwicklung im Personalbereich. Die SMART-Methode kann helfen, klare und überprüfbare Ziele zu formulieren (s. Kasten).

Konfliktgespräche

Wie bereits erwähnt, sind mit Konflikten behaftete Gesprächsanlässe wenig planbar und immer eine unangenehme Herausforderung. Sie dulden aber meist keinen Aufschub und gehören in die Leitungsverantwortung. Hier bedarf es einer Klärung mit dem Träger, inwiefern Leitung sanktionieren darf und muss und wann der Träger nicht nur informiert, sondern auch dabei sein möchte. Auch in Konfliktgesprächen ist eine faire, offene und engagierte Grundhaltung der Leitung nötig. Im Vorfeld sollte sie sich darüber klar werden, ob noch etwas diskutiert und im Einvernehmen geregelt werden kann oder ob es einer klaren Anweisung bedarf.

Beispiel

Eine Erzieherin kommt fast täglich 10 bis 15 Minuten zu spät zur Arbeit. Die Kolleginnen ärgern sich darüber, weil die Kinder nicht versorgt sind oder es bei ihnen zu hohen Belastungen kommt, da Kinder aus dem Frühdienst nicht abgeholt werden. Die verspätete Kollegin hat immer eine Erklärung bzw. Entschuldigung parat oder kommentiert ihr Zuspätkommen gar nicht. Ärger löst beides aus. Nicht immer bekommt die Leitung diese Verspätungen mit, dennoch wird von ihr eine Reaktion erwartet. In jedem Fall muss ein Gespräch stattfinden. Vielleicht

---

Erarbeitung von Zielen

Für das Formulieren von Zielen ist die bekannte SMART-Methode ausgesprochen hilfreich.

Spezifisch
- Das Ziel sollte konkret, eindeutig und präzise formuliert sein.

Messbar
- Das Ziel muss am Ergebnis überprüft werden können.
- Teilziele können formuliert werden; sie sind wichtig für die Erfolgskontrolle und die regelmäßigen kleinen Zwischenerfolge.

Akzeptabel
- Das Ziel sollte positiv formuliert werden und keine Verneinung enthalten.
- Das Ziel sollte erstrebenswert sein und Freude auslösen.

Realistisch
- Das Ziel kann hochgesteckt und herausfordernd sein, muss aber immer aus eigener Kraft erreichbar sein.
- Das Ziel sollte so formuliert sein, dass die Realität des Alltags Möglichkeiten zur Umsetzung bietet.

Terminiert
- Das Ziel sollte in der geplanten Zeit erreicht werden (Zeitpunkt wird festgelegt).
- Das Ziel sollte zur Erreichung ausreichend Zeit einräumen.

gibt es einen guten Grund, die Arbeitszeit der Mitarbeiterin zu verschieben. Wenn das möglich ist, offen besprochen wird und sich daraufhin Pünktlichkeit einstellt, ist alles gut. Wenn das nicht geht und das Zuspätkommen bestehen bleibt, muss die Leitung ermahnen und über Konsequenzen nachdenken.

Wie könnten in diesem Beispiel die Konsequenzen aussehen?
- Flexibilisierung der Arbeitszeit mit der Maßgabe, die täglich vereinbarte Zeit einzuhalten und zu einer Kernarbeitszeit anwesend zu sein.
- Die Fehlzeiten minutiös nacharbeiten lassen, denn es gibt das Gehalt ja für die vereinbarten Stunden.
- Eine Abmahnung, gemeinsam mit dem Träger, hat arbeitsrechtliche Konsequenzen und eventuell eine Kündigung zur Folge.

Alle drei Möglichkeiten sind in einer Kita schwer zu praktizieren, denn Eltern verlassen sich darauf, dass der Frühdienst pünktlich ist, da sie selber ihre Arbeitsstelle zeitgenau erreichen müssen. Die Kinder müssen zudem zu jeder Zeit ausreichend versorgt und betreut sein und da bedeutet jeder Engpass eine Herausforderung. Wenn Flexibilisierung für eine Mitarbeiterin möglich ist, gilt gleiches Recht für alle – und dann kann die Kita keine verlässliche Betreuung mehr gewährleisten. Was ist also zu tun? Es geht nur, über Einsicht eine langfristige Lösung anzustreben und sehr deutlich den Anspruch auf Pünktlichkeit zu benennen und durchzusetzen. Letzter Ausweg bleibt dann, sich von der Mitarbeiterin zu trennen, weil die Zuverlässigkeit einer pädagogischen Fachkraft ein Teil ihres Arbeitsvertrags ist. Auch das kommt in Kindertageseinrichtungen vor, wie in jedem anderen Arbeitsfeld auch, ist aber die Ausnahme.

Literaturtipp
Träger, T. (2018): Personalmanagement – Grundlagen und Instrumente. München: Vahlen.
Weber, K. (2017): Gesprächsführung für Leitungskräfte. kindergarten heute – leiten kompakt. Freiburg: Herder.

5. Einarbeitung neuer Mitarbeiter*innen

Nach einem Bewerbungsverfahren, dem Arbeitsvertrag sowie der Klärung der Aufgaben und Rahmenbedingungen kommt der erste Arbeitstag der neuen Mitarbeiterin/des neuen Mitarbeiters. Das ist eine Situation, die Sie aus eigener Erfahrung gut kennen. Möglicherweise haben Sie selbst eine der folgenden Begrüßungen erlebt:

Ein schriftliches Konzept erleichtert die Einarbeitung

- 1. Variante: „Schön, dass Sie da sind. Das ist Ihre Gruppe, hier ist eine Liste der Kinder und um 11 Uhr gehen wir immer auf den Spielplatz. Ihren Dienstplan gebe ich Ihnen heute Mittag. Fangen Sie erst mal an, und wenn sie Fragen haben, fragen Sie."
- 2. Variante: „Schön, dass Sie da sind. Ich zeige Ihnen zuerst noch mal das Haus und stelle Ihnen alle Kolleginnen und Kollegen vor. Dann zeige ich Ihnen Ihre Gruppe/Ihren Einsatzbereich und Sie können sich in aller Ruhe kundig machen. Ich komme im Laufe des Tages bei Ihnen vorbei und erkundige mich, wie es Ihnen geht und ob Sie Unterstützung brauchen oder Fragen haben. Sollte zwischendurch etwas unklar sein, können Sie jeden im Haus fragen."

- **3. Variante**: „Schön, dass Sie da sind. Ich stelle Ihnen heute unser Einarbeitungskonzept für die erste Woche/den ersten Monat/die Probezeit vor. Wir möchten, dass Sie gut bei uns ankommen können, und haben mit unserem Konzept gute Erfahrungen gemacht."

In allen drei Beispielen ist die Willkommenskultur freundlich und wird von der Leitung persönlich übernommen – dennoch gibt es große Unterschiede. Im ersten Beispiel haben sich Leitung und Team wenig Gedanken darüber gemacht, was eine neue Mitarbeiterin/ein neuer Mitarbeiter braucht, sondern vertrauen auf das Gelingen. Im zweiten Beispiel ist der Einstieg behutsamer, aber auch hier wird auf das Gelingen vertraut, wenn auch mit konkreterer Unterstützung. Im dritten Beispiel wird dagegen von vornherein klargestellt, dass es ein Konzept zur Einarbeitung gibt, das bei jeder neuen Fachkraft umgesetzt und das von allen mitgetragen wird. Hier wird das Gelingen professionell abgesichert und dadurch werden die Weichen gestellt für eine lange und gute Zusammenarbeit im Team.

Es ist also sinnvoll, ein Konzept zur Einarbeitung neuer pädagogischer Mitarbeiter*innen zu erstellen, das für alle im Team verbindlich ist. Da es hierfür ganz unterschiedliche Formen gibt, müssen die spezifischen Bedingungen der Einrichtung in den Blick genommen werden, damit das Konzept praktikabel ist und vor allen Dingen eingehalten werden kann. Darüber hinaus muss natürlich unterschieden werden, ob ein*e Berufsanfänger*in oder eine erfahrene Fachkraft eingestellt wurde. Ein Zeitplan für die Einarbeitung (s. Kasten) ist aber in jedem Fall eine gute Hilfe und das geplante Gespräch in festgelegten Abständen ein Standard, den es einzuhalten gilt.

Zur Begrüßung ist es schön, ein kleines Geschenk, einen Blumenstrauß und eine Willkommensmappe bereitzuhalten. Die Willkommensmappe enthält wichtige Informationen des Trägers, die pädagogische Konzeption der Kita, die Namen und Funktionen aller Mitarbeiter*innen, den Dienstplan, den Einsatzbereich, die Namen der zu betreuenden Kinder und der Erziehungsberechtigten, wichtige Telefonnummern, Erste-Hilfe-Informationen, Rettungswege und Rettungsplan. Ebenso finden sich darin arbeitsrechtliche Regelungen und Personalabsprachen mit dem Träger (z. B. Urlaubsregelungen, Schließzeiten, Überstundenregelungen, Teilnahme an Teamsitzungen, Fachberatung, Supervision und Fortbildung). Im Anschluss an die Begrüßung kann dann der Zeitplan zur Einarbeitung vorgestellt werden.

Zeitplan Einarbeitung

1. Der erste Arbeitstag ist geplant. Die Leitung begrüßt die Mitarbeiterin/den Mitarbeiter und führt durch das Haus. Das Team ist informiert und eine Kollegin/ein Kollege ist zur Patin/zum Paten für die Einarbeitungszeit ernannt. Mit ihr/ihm findet der erste Arbeitstag „by side" statt – entweder im Arbeitsbereich der Patin/des Paten oder im Arbeitsbereich der neuen Kollegin/des neuen Kollegen. Zum Arbeitsende gibt es ein erstes Auswertungsgespräch mit Patin/Paten und Leitung.
2. Nach dem ersten Arbeitstag wird gemeinsam entschieden, wie es weitergehen soll: Entweder langsame Einarbeitung mit der Patin/dem Paten oder allein arbeiten mit täglicher Konsultation der Patin/des Paten. Das hängt von der Erfahrung der neuen Mitarbeiterin/des neuen Mitarbeiters und den Möglichkeiten der Einrichtung ab.
3. Nach vier Wochen findet ein Gespräch mit der Leitung und der Patin/dem Paten statt. Hier können Korrekturen vorgenommen, anstehende Fragen geklärt und Erwartungen und Wünsche formuliert werden.
4. Im Verlauf der Probezeit sollten drei weitere solcher Gespräche geplant werden.
5. Zum Ende der Probezeit sollte die neue Mitarbeiterin/der neue Mitarbeiter allein arbeiten können, sich mit den Abläufen des Hauses auskennen und die Kinder, die Erziehungsberechtigten und die Kolleg*innen kennen.

Der Zeitplan kann natürlich modifiziert und den jeweiligen Gegebenheiten angepasst werden. Eine Patin/einen Paten zu benennen, ist eine gute Strategie, um Orientierung und Sicherheit zu vermitteln. Ähnlich einer Mentorin/einem Mentor begleitet sie/er die neue Fachkraft, weil sie/er sich gut auskennt, erfahren ist und ein sicheres Auftreten hat. Die Patin/der Pate ist nicht weisungsberechtigt, sondern begleitet die neue Fachkraft beratend auf Augenhöhe. Die Vorstellung der/des Neuen für die Familien der Kinder (kurzer Lebenslauf und Arbeitsbereich) kann mit einem Foto ausgehängt werden.

Jede neue Mitarbeiterin/jeder neue Mitarbeiter bringt Veränderung in die Struktur und Dynamik eines Teams. Für alle Beteiligten ist es eine sehr sensible Situation, der viel Aufmerksamkeit geschenkt werden sollte. Jede gut begleitete Minute verbindet die Menschen miteinander und ist wertvoll für die gemeinsame Arbeit.

Literaturtipp
Fialka, V. (2011): Wie Sie die passenden Mitarbeiterinnen finden, motivieren und fördern. Personalführung und -entwicklung. kindergarten heute – basiswissen kita management. Freiburg: Herder.
Stamer-Brandt, P./Tofern, F. (2012): Berufsstart Kita. Freiburg: Herder.
Vogel, G. (2013): Personalführung in sozialen Organisationen. Hamburg: Bachelor + Master Publishing.

6. Zusammenarbeit mit Familien

Heute spielt in jeder Kita die Vielfalt von Familien eine große Rolle. Die klassische „Elternarbeit", wie sie in der Ausbildung unterrichtet wurde und zum Teil noch wird, trifft auf keine Einrichtung mehr zu. Neben der unterschiedlichen Herkunft und Kultur der Familien fordern auch die unterschiedlichen familialen Konstellationen die fachlichen und sozialen Kompetenzen aller pädagogischen Fachkräfte und der Leitung. Basis des Handelns ist eine wertschätzende Grundhaltung gegenüber allen Familien und ihren individuellen Konstellationen, unabhängig von den eigenen Vorstellungen und Modellen, in denen die Fachkräfte selbst leben.

Mit den Eltern soll eine Bildungs- und Erziehungspartnerschaft gestaltet werden und dazu gehört die Akzeptanz von Andersdenkenden und Anderslebenden. Ob Alleinerziehendenfamilie, „Regenbogenfamilie", klassische Kleinfamilie, Pflegefamilie, Familie mit Fluchthintergrund, Patchworkfamilie: Zusammenarbeit mit Eltern muss in besonderer Weise die Lebenssituation und Lebensform der Familien berücksichtigen.

Sich für die Fragen und Bedarfe der Eltern Zeit nehmen

Schon beim Aufnahmegespräch sollte die Leitung deutlich machen, dass für eine gute Bildung, Betreuung und Erziehung das Wissen über die Lebenssituation des Kindes wichtig ist. Dazu gehören auch Kenntnisse über die Familienkonstellation, die Wohn- und Arbeitsverhältnisse, besondere Belastungen in der Familie sowie den kulturellen und religiösen Hintergrund. Die Informationen unterliegen der Verschwiegenheitspflicht. Ein erster Austausch über Erfahrungen, Beobachtungen, Vorlieben und Essgewohnheiten ermöglicht einen guten Zugang zum Kind. Hier ist die Leitung gefordert, möglichst viele Informationen zusammenzutragen und die pädagogischen Fachkräfte in der Zusammenarbeit mit den Familien zu unterstützen. Eine Herausforderung für alle Fachkräfte liegt immer wieder darin, keine Wertung vorzunehmen, sondern die familiäre Situation der Kinder so zu akzeptieren, wie sie ist.

Sonderfall Kindeswohlgefährdung

Eine Ausnahme stellt hier die besondere Situation einer Kindeswohlgefährdung dar. Hier muss die Leitung wissen, wie zu verfahren ist. Gesetzlich ist das Vorgehen im Sozialgesetzbuch geregelt (§ 8a SGB VIII). Darüber hinaus haben viele Träger inzwischen ein Schutzkonzept entwickelt, das bei Verdacht auf eine Kindeswohlgefährdung in Kraft tritt. Ebenso verfügen größere Träger in der Regel über eine „insoweit erfahrene Fachkraft", die die Verfahrensschritte professionell begleitet. Ansonsten stellt das Jugendamt eine entsprechende Fachkraft.

Die Zusammenarbeit mit dem örtlichen Jugendamt (s. Kasten) ist erforderlich, um hilfreiche Interventionen für das betroffene Kind zu erwirken.

Sollte sich das Team der Einrichtung noch nicht eingehender mit dem Thema beschäftigt haben bzw. vom Träger noch nicht entsprechend geschult worden sein, ist es unumgänglich, dies auf Initiative der Leitung nachzuholen. Ein Teammitglied oder die Leitung selbst sollte dann eine Fortbildung zur „insoweit erfahrenen Fachkraft" absolvieren.

Vorgehen bei Verdacht auf Kindeswohlgefährdung

In § 8a SGB VIII heißt es dazu:
(4) In Vereinbarungen mit den Trägern von Einrichtungen und Diensten, die Leistungen nach diesem Buch erbringen, ist sicherzustellen, dass
1. deren Fachkräfte bei Bekanntwerden gewichtiger Anhaltspunkte für die Gefährdung eines von ihnen betreuten Kindes oder Jugendlichen eine Gefährdungseinschätzung vornehmen,
2. bei der Gefährdungseinschätzung eine insoweit erfahrene Fachkraft beratend hinzugezogen wird sowie
3. die Erziehungsberechtigten sowie das Kind oder der Jugendliche in die Gefährdungseinschätzung einbezogen werden, soweit hierdurch der wirksame Schutz des Kindes oder Jugendlichen nicht in Frage gestellt wird.

In die Vereinbarung ist neben den Kriterien für die Qualifikation der beratend hinzuzuziehenden insoweit erfahrenen Fachkraft insbesondere die Verpflichtung aufzunehmen, dass die Fachkräfte der Träger bei den Erziehungsberechtigten auf die Inanspruchnahme von Hilfen hinwirken, wenn sie diese für erforderlich halten, und das Jugendamt informieren, falls die Gefährdung nicht anders abgewendet werden kann.

Die erste Zeit in der Kita

Die Zeit nach der Aufnahme und der individuellen Eingewöhnung des Kindes ist geprägt von dem genauen Kennenlernen des Kindes. Welche Vorlieben hat es, z. B. beim Essen, in Ruhesituationen, beim Spiel? Wie viel Unterstützungsbedarf hat es in dieser neuen Lebenssituation?

In den Begrüßungs- und Verabschiedungssituationen ist häufig die Gelegenheit für ein kurzes „Tür-und-Angel-Gespräch". Darüber hinaus sollten Eltern darüber informiert werden, wie sie sich im Kita-Alltag beteiligen können und wie die Rahmenbedingungen für die Zusammenarbeit mit den Familien aussehen. Das können sein:
- Elternabende
- Themenabende für Eltern
- Beratungsangebote für Eltern
- Elterngespräche zum eigenen Kind (Entwicklungsgespräche)
- Mitwirkung im Elternrat als gewähltes Gremium
- Elterncafé und Kontaktrunden für neue Eltern etc.

Hier kann die Leitung zusammen mit dem Team bedarfsorientierte Angebote entwickeln, um alle Eltern mit ins Boot zu holen. Ziel ist es, eine Bildungs- und Erziehungspartnerschaft anzustreben und eine offene, herzliche Atmosphäre für die Zusammenarbeit zu schaffen. Maßgeblich für das Gelingen sind die pädagogischen Fachkräfte und deren fachliche Kompetenz im Umgang mit den Erziehungsberechtigten der zu betreuenden Kinder. Da bleibt die Frage: Was ist denn dann nach den Aufnahmeformalitäten die spezifische Aufgabe der Leitung?

Aufgabe der Leitung

Sie fordert als fachlichen Mindeststandard von allen pädagogischen Fachkräften einen wertschätzenden und vorurteilsbewussten Umgang mit den Eltern, deren Kinder sie betreuen. Des Weiteren muss sie für die Verschwiegenheit über alle Informationen, die die Kita über die Familien hat, sowie für die Einhaltung einer professionellen Distanz im persönlichen Umgang mit den Erziehungsberechtigen sorgen. Für die Einhaltung dieser Standards ist sie zuständig und selbst Vorbild für die Haltung gegenüber den Familien. Das klingt so selbstverständlich und doch gibt es in der Praxis genau an dieser Stelle ein großes Konfliktpotenzial.

In diesem Zusammenhang möchte ich Punkte benennen, an denen Leitung sehr aufmerksam sein und eine Klärung im Team bzw. mit der betreffenden Fachkraft herbeiführen sollte:
- „Du" als Ansprache mit den Eltern
- WhatsApp-Gruppe mit den Eltern
- Sehr enge Vertrautheit, die über die Arbeitsvereinbarung hinausgeht
- Kinderbeaufsichtigung im Haushalt der Eltern (abends, am Wochenende)
- Bevorzugte Behandlung bestimmter Eltern
- Nichteinhaltung der Verschwiegenheit gegenüber Dritten
- Laute, bedrohliche Gespräche mit einzelnen Eltern
- Offensichtliche Unfreundlichkeit und Missachtung einzelner Eltern etc.

Die genannten Situationen treten vor allem zwischen Erzieher*innen und Eltern auf und können einen Mangel an professioneller Distanz bedeuten. Es vermischen sich private und dienstliche Belange, was für die Arbeit hinderlich sein kann. Das heißt nicht, dass es keine freundschaftliche Verbindung mit Eltern geben darf, sondern, dass sehr deutlich besprochen werden muss, was an welchen Ort gehört. Private Kontakte zu Eltern dürfen keinen Einfluss auf die professionelle, pädagogische Haltung der Fachkraft in der Kita haben.

Professionelle Distanz wahren

Mit den Eltern im Kontakt zu sein, bedeutet auch, ein gutes Gefühl für professionelle Nähe und Distanz zu haben und auch Grenzen im Kontakt aufzuzeigen. Alles, was das Kind und dessen Wohlbefinden, Entwicklung, Gesundheit, Sicherheit und Geborgenheit betrifft, steht im Fokus der Betreuung. Darüber hinaus helfen der Leitung eine Elternbefragung zur Zufriedenheit mit der Einrichtung sowie klare Regelungen für den Umgang der Fachkräfte mit den Familien weiter, wenn es zu Unstimmigkeiten kommt (s. dazu auch Kapitel II.3).

Die Kinder geben den pädagogischen Fachkräften viel Einblick in den Familienalltag. Sie erzählen ungefiltert von zu Hause und die Erzieher*innen sind aufgerufen, vertrauensvoll und sorgsam mit diesen Informationen umzugehen. Eltern ist es häufig unangenehm, wenn ihre Kinder in der Kita Erlebnisse oder Konflikte aus dem Alltag ihrer Familien mitteilen. Dies immer wieder zum Thema zu machen, gesprächsbereit für die Mitarbeiter*innen zu sein und zur kritischen Distanz aufzufordern, ist Leitungsaufgabe.

Auch Tür- und Angel-Gespräche stärken die Kooperation

Wie bereits erwähnt glauben bei keinem anderen Beruf so viele Menschen, dass das – nämlich Kinder zu betreuen, zu bilden und zu erziehen – eigentlich jeder kann. Schließlich findet das auch in der Familie statt, ohne dass die Eltern eine pädagogische Ausbildung erhalten haben. Das ist für Fachkräfte schwer zu ertragen und macht es ihnen nicht gerade leicht, in der Distanz zu bleiben und sich nicht zu verteidigen, wenn sie von Eltern kritisiert werden. Hier muss die Leitung für ein gutes Klima sorgen, indem sie die Fachlichkeit und Kompetenz ihrer Mitarbeiter*innen fördert, fordert und weiterentwickelt. In Konfliktsituationen mit Eltern muss sie hinter ihren Mitarbeiter*innen stehen, sie unterstützen und niemals vor den Eltern bloßstellen. Wenn die Kritik an einer Fachkraft berechtigt ist, wird ein Vier-Augen-Gespräch ohne die Anwesenheit der Eltern geführt.

Hinweis: Zu den Formen der Zusammenarbeit mit Familien gibt es vielfältige Literatur. Ebenso finden sich für Elternbefragungen gute Vorlagen in der Literatur oder im Internet.

Literaturtipp

Albers, T./Ritter, E. (2015): Zusammenarbeit mit Eltern und Familien in der Kita. München: Ernst Reinhard.
Kobelt Neuhaus, D. (2016): Ein Familienzentrum leiten. kindergarten heute – management kompakt. Freiburg: Herder.
Lindner, U. (2010): Elternabend in Kita und Krippe mal anders! Mülheim a.d.R.: Verlag an der Ruhr.
Wehinger, U. (2016): Eltern beraten, begeistern, einbeziehen. Erziehungspartnerschaft in der Kita. Freiburg: Herder.

7. Sozialraumorientierung

Der soziale Raum, in dem sich die Kindertageseinrichtung befindet, prägt in besonderer Weise die Arbeit der Einrichtung. Sozialraumorientierung ist ein Ansatz in der sozialen Arbeit, bei dem es darum geht, die Lebenswirklichkeit und Lebensweltorientierung der Menschen zu erfragen und wahrzunehmen, die in dem Umfeld, der Gemeinde oder dem Stadtteil leben, und deren eigene Ressourcen zu aktivieren. Sozialraum bezieht sich auf die Teilhabe und Mitgestaltung aller Menschen, die in räumlicher Nähe leben. Fragen zur Erhebung des Sozialraums sind beispielsweise: Geht es um einen ländlichen Raum oder um einen Stadtteil? Wie sieht die Infrastruktur aus? Wie sind die Lebensbedingungen der dort lebenden Familien? Wie ist die Vernetzung und wie sind die Angebote strukturiert? Wie werden die Bildungschancen eingeschätzt? usw.

Durch die Auseinandersetzung mit dem Sozialraum gewinnt die Leitung einer Kindertageseinrichtung Informationen darüber, wie bedarfsgerechte Angebote in ihrer Kita aussehen können. Das Augenmerk dabei auf die sozialen Bedingungen der betreuten Familien zu richten, ist eine notwendige Basis, um die Zusammenarbeit unterstützend, partnerschaftlich und partizipativ zu gestalten. Für eine präventive und nachhaltige pädagogische Arbeit ist es elementar, die konkreten Lebenssituationen der Familien zu kennen und ein Verständnis für die Bedarfe zu entwickeln. Im sozialen Brennpunkt sieht die Arbeit anders aus als in einem gut situierten Wohnviertel mit hohem sozialen Standard.

Ist der Sozialraum geprägt von Armut, migrationsbedingten Sprachbarrieren, Arbeitslosigkeit, Bildungsferne und/oder Gesundheitsproblemen brauchen Familien Beratung zu den Themen, die ihren Alltag prägen. Die Erziehung, Bildung und Betreuung der Kinder hat dann eher den Auftrag, ein Gegengewicht zur häuslichen Situation zu schaffen und zu entlasten. Es ist nicht ratsam und auch nicht zielführend, mit erhobenem Zeigefinger die Missstände anzuprangern und Abwertungen und Zuschreibungen vorzunehmen. Deshalb müssen sich Leitung und Team fragen, wie sie ihre Kompetenzen einsetzen können, um hilfreich zu sein und einfühlsam mit den Familien umgehen zu können. In einem gut situierten Sozialraum bezieht sich der Beratungsbedarf dagegen eher auf Bildungs- und Erziehungsthemen, kulturelle Angebote werden stark nachgefragt. Trotzdem gibt es natürlich Themen, die in beiden Sozialräumen eine Rolle spielen. Trennung, Scheidung, Kindeswohlgefährdung, Hochkonfliktfamilien, Trauer, körperliche und geistige Handicaps und Erkrankungen finden sich überall in unserer Gesellschaft und prägen das Miteinander. Sicher ist auch, dass es zwischen Arm und Reich ganz viele Zwischenbereiche gibt, die häufiger anzutreffen sind als die beschriebenen beiden Gegensätze.

Hilfreich: Sich ein gutes Netzwerk aufbauen

---

§ 22a Absatz 2 SGB VIII

(2) Die Träger der öffentlichen Jugendhilfe sollen sicherstellen, dass die Fachkräfte in ihren Einrichtungen zusammenarbeiten
1. mit den Erziehungsberechtigten und Tagespflegepersonen zum Wohl der Kinder und zur Sicherung der Kontinuität des Erziehungsprozesses,
2. mit anderen kinder- und familienbezogenen Institutionen und Initiativen im Gemeinwesen, insbesondere solchen der Familienbildung und -beratung,
3. mit den Schulen, um den Kindern einen guten Übergang in die Schule zu sichern und um die Arbeit mit Schulkindern in Horten und altersgemischten Gruppen zu unterstützen.

Vernetzung gehört dazu

Die Orientierung der Kita an dem Sozialraum, in dem sie liegt, ist eine wichtige Voraussetzung, um die pädagogische Arbeit daran ausrichten zu können. Die Leitung richtet ihr Augenmerk auf das, was möglich ist und zur Unterstützung der Kinder und deren Familien beiträgt, um die Lebenswirklichkeiten und -bedingungen in ein gutes Gleichgewicht zu bringen.

Der gesetzliche Auftrag dazu ist in der Novelle des SGB VIII von 2005 geregelt (s. Kasten). Danach ist neben der Erziehung, Bildung und Betreuung der Kinder und der Zusammenarbeit mit den Eltern auch die Vernetzung und das Zusammenwirken der Kindertageseinrichtungen mit anderen kind- und familienbezogenen Diensten und Institutionen sowie im Sozialraum erforderlich.

Das bedeutet, dass Leitung mit den Institutionen des Sozialraums wie Schule, Jugendamt, Beratungsstellen, Tagespflegepersonen, Fachkräften der medizinischen und psychologischen Praxen, Familienbildung und anderen kontinuierlich und professionell im Kontakt sein sollte. Sie wird so zur Schnittstelle und Begleitung von Familien und ihren Kindern im Sozialraum. Ist die Kindertageseinrichtung gut informiert und vernetzt, ist das Ziel der Elternpartnerschaft und der Förderung guter Lebensbedingungen für Kinder erfüllt.

Literaturtipp

Dieckbreder, F./Koschmider, S./Sauer, M. (Hrsg.) (2014): Kita-Management. Haltungen – Methoden – Perspektiven. Göttingen: Vandenhoeck & Ruprecht.

Fürst, R./Hinte, W. (Hrsg.) (2017): Sozialraumorientierung. Ein Studienbuch zu fachlichen, institutionellen und finanziellen Aspekten. UTB-Band-Nr. 4324. 2., aktual. Auflage, Wien: Facultas.

Jares, L. (2016): Kitas sind (keine) Inseln. Das sozialräumliche Verständnis von traditionellen Kindertageseinrichtungen und Familienzentren NRW. Münster: Waxmann.

8. Konzeptionsentwicklung

Eine Konzeption ist die Grundlage der pädagogischen Arbeit und grundsätzlich erforderlich für die Betriebserlaubnis zur Eröffnung und Unterhaltung einer Kindertageseinrichtung. Wünschenswert ist es, dass nicht die Leitung oder der Träger allein die Konzeption verfassen, sondern die pädagogischen Fachkräfte daran beteiligt werden, denn sie gestalten den Arbeitsalltag und setzen den pädagogischen Auftrag täglich um. Zudem fördert dies die Identifikation aller mit der Einrichtung und den pädagogischen Leitlinien.

Die Konzeption im Team erstellen und weiterentwickeln

In der Regel gibt der Träger die Rahmenbedingungen und Grundlagen sowie das pädagogische Konzept vor – und alle, die in der Kita arbeiten, müssen sich daran orientieren. Jede pädagogische Fachkraft – und natürlich auch die Leitung – muss sich im Klaren darüber sein, dass die Kita-Konzeption bindend für sie ist. Wenn sie sich nicht damit einverstanden erklären kann oder ihre pädagogische Haltung eine andere „Heimat" hat, muss sie ihre Arbeitsstelle danach aussuchen, was zu ihr passt. Nichts ist schlimmer für eine Einrichtung, als wenn die Konzeption des Hauses nicht von den Fachkräften getragen und umgesetzt wird oder ein „Papiertiger" ist, der im Regal des Leitungsbüros sitzt und nicht zum Einsatz kommt. Was heißt das für die Leitung?

Sie hat sehr genau zu prüfen, ob die pädagogische Konzeption umgesetzt wird und Bestand hat in der täglichen fachlichen Arbeit. Ebenso muss sie prüfen, ob die Konzeption eindeutig, klar, aktuell, pädagogisch vertretbar und umsetzbar ist. Wenn das nicht der Fall sein sollte, ist es eine Baustelle, die dringend bearbeitet werden muss. Erforderlich ist dann ein Gespräch mit dem Träger und die Planung einer Konzeptionsfortschreibung und -weiterentwicklung. Das bedeutet nicht, dass Leitung diesen Prozess allein gestalten und umsetzen muss. Sie kann sich durchaus Hilfe ins Haus holen – in Form einer Fortbildung für alle Mitarbeiter*innen oder einer Fach- oder Praxisberatung, die auch den Prozess der Erstellung bzw. Weiterentwicklung anleiten und moderieren kann. Um das zu entscheiden, muss der Träger eingeschaltet werden, der hoffentlich Verständnis und Interesse an der Weiterentwicklung der Einrichtung und der pädagogischen Arbeit zeigt.

Konzeptionserstellung

Die pädagogische Konzeption ist der Pulsschlag, von dem die Einrichtung lebt. Sie hat eine große Außenwirkung und braucht die Umsetzung durch alle pädagogischen Fachkräfte.

Wenn die wesentlichen Säulen (s. Kasten) berücksichtigt werden, kann die Konzeption eine gute und sichere Orientierung für die pädagogische Arbeit sein. In der Literatur finden sich viele Hilfen zur Erstellung, Überarbeitung und Weiterentwicklung einer Konzeption (s. unten). Wird die Leitung vom Träger beauftragt, eine ganz neue Konzeption zu schreiben, gelten die gleichen Rahmenbedingungen. Allerdings hat sie in diesem Fall den Auftrag, die pädagogische Ausrichtung mitzubestimmen oder aber eine neue pädagogische Richtung einzuschlagen. Beides hat seinen Reiz. In jedem Fall muss aber im Vorfeld geklärt werden, welche Ressourcen – außer Zeit – Leitung dafür benötigt, und auch, wie das Team in den Prozess mit eingebunden werden kann.

Ist die Konzeption verfasst und wird in der Einrichtung umgesetzt und gelebt, ist ein regelmäßiger Blick darauf erforderlich, um immer wieder zu überprüfen, wie aktuell sie noch ist. So sind in den letzten Jahren z. B. Themen wie U3, Partizipation oder Inklusion hinzugekommen, die es in der Konzeption zu ergänzen gilt. Somit ergibt sich ein kontinuierliches Fortschreiben und Aktualisieren des bestehenden Exemplars. Es bietet sich an, zu festen Terminen – auf einem Teamtag oder im Rahmen von Supervision oder Fachberatung – für Kontrolle des Bestehenden und Erweiterung durch Neues zu sorgen.

Die Säulen der pädagogischen Konzeption

Die pädagogische Konzeption orientiert sich an folgenden Säulen:
- dem Leitbild des Trägers,
- dem Sozialraum, in dem sich die Einrichtung befindet,
- dem pädagogischen Konzept und der damit verbundenen Haltung,
- dem Umgang mit Kindern bis zu drei Jahren (U3),
- dem Umgang mit Partizipation, Inklusion und Beobachtungsverfahren,
- dem besonderen Profil, z. B. Musik, Kunst, Bewegung,
- dem Bildungsplan/Orientierungsplan des jeweiligen Bundeslandes,
- den gesetzlichen Rahmenbedingungen des jeweiligen Bundeslandes (insbesondere Betreuungsschlüssel, Fachkräftegebot und Finanzierung),
- der Gestaltung des Bildungs-, Betreuungs- und Erziehungsauftrags und der Zusammenarbeit mit den Familien.

Literaturtipp

Fialka, V. (2017): Wie Sie Ihr Profil entwickeln und nach außen tragen. Leitbild- und Profilentwicklung. kindergarten heute – management kompakt. 2. Auflage, Freiburg: Herder.

Groot-Wilken, B. (2009): Konzeptionsentwicklung in der KiTa. Freiburg: Herder.

Kokigei, M. (2018): Wie eine Konzeption entsteht und aktuell bleibt. Zu bestellen unter: www.kokigei.de/konzeption.html

Wagner, Y. (2014): Kita-Konzeptionen schreiben leicht gemacht. Mülheim a. d. R.: Verlag an der Ruhr.

Wenn Leitung feststellt, dass die Konzeption, die von ihr als aktuell, passend und gut umsetzbar angesehen wird, von den pädagogischen Fachkräften nicht akzeptiert und nicht gelebt wird, ist es ihre Aufgabe, das anzusprechen und gemeinsam einen Weg zu finden. Denn sie ist als Leitung zur Umsetzung der Konzeption dem Träger, den bewilligenden Behörden und den Kindern und Familien gegenüber verpflichtet. Dafür braucht es manchmal deutliche Worte.

9. Qualitätsentwicklung

Bei vielen Trägern von Kindertageseinrichtungen sind die Qualitätsentwicklung und die Feststellung der Qualität durch ein bestimmtes Verfahren geregelt. Die gesetzliche Vorgabe dazu findet sich in §22a Absatz 1 SGB VIII: „Die Träger der öffentlichen Jugendhilfe sollen die Qualität der Förderung in ihren Einrichtungen durch geeignete Maßnahmen sicherstellen und weiterentwickeln. Dazu gehören die Entwicklung und der Einsatz einer pädagogischen Konzeption als Grundlage für die Erfüllung des Förderungsauftrags sowie der Einsatz von Instrumenten und Verfahren zur Evaluation der Arbeit in den Einrichtungen." In den Kindertagesstättengesetzen der Bundesländer, die sich in ihren Ausführungen unterscheiden, findet die Leitung zusätzlich eine Orientierung für die eigene Arbeit (nachzulesen auch im Internet). Verantwortlich für die Umsetzung ist der Träger.

Drei Begriffe sind vorrangig anzutreffen, wenn es um die Qualität geht: Strukturqualität, Orientierungsqualität und Prozessqualität (Definition s. Kasten).

„Ein Viertel bis die Hälfte der beobachteten pädagogischen Prozessqualität ist bestimmt durch vorgegebene Rahmenbedingungen der Struktur- und Orientierungsqualität, auf die Leitungskräfte kaum Einfluss haben. Aber: 50–75% der pädagogischen Prozessqualität sind abhängig von Faktoren wie den pädagogischen Kenntnissen, dem Können und dem Engagement der pädagogischen Fachkräfte und/oder den individuellen Bedingungen der Einrichtung" (Tietze, W./Nattefort, R. (2015): Dimensionen pädagogischer Qualität. In: kindergarten heute – das Leitungsheft, 2/2015, S. 7).

Pädagogische Qualität

Dabei geht es um die fachlichen Qualitätsstandards der pädagogischen Prozesse und somit konkret um die Fachlichkeit und Kompetenz der Fachkräfte und deren Gestaltung ihres Arbeitsalltags und den damit verbundenen Lernerfahrungen für Kinder. Hierauf Einfluss zu nehmen, indem ein kritischer Blick auf die Interventionen und die pädagogische Haltung der Fachkräfte geworfen wird, ist Leitungsaufgabe.

Aspekte von Qualität

- **Strukturqualität** bezieht sich auf die strukturellen Rahmenbedingungen einer Kindertageseinrichtung, bezogen auf die gesetzlichen Vorgaben des Bundes und der Länder. Gemeint sind alle Voraussetzungen zur Erteilung einer Betriebserlaubnis, wie z.B. räumlich-materielle Bedingungen, Fachkräftegebot, Personalqualität, Fachkraft-Kind-Schlüssel, Vor- und Nachbereitungszeiten, Ausstattung, Sicherheitsstandards, Rettungspläne, Versorgungs- und Verpflegungsqualität und alles andere, was für den Rahmen erforderlich ist.
- **Orientierungsqualität** bezieht sich auf das Leitbild des Trägers, die Konzeption und die leitenden pädagogischen Vorstellungen, Werte und Überzeugungen. Des Weiteren geht es um die Auffassungen der pädagogischen Fachkräfte von der Entwicklung eines Kindes, den Erziehungszielen und der daraus resultierenden Haltung. Sie meint aber auch die Fort- und Weiterbildungsmöglichkeiten und eventuelle Spezialisierungen der Fachkräfte.
- **Prozessqualität** bezieht sich in erster Linie auf die Interaktionen zwischen dem pädagogischen Fachpersonal und den Kindern sowie auf die Gestaltung der Alltagserfahrungen. Sie beinhaltet die Lern- und Erfahrungsmöglichkeiten, die den Kindern in ihrer sozialen und räumlich-materiellen Lebenswelt zur Verfügung stehen. Die Prozessqualität wird auch als pädagogische Qualität bezeichnet.

Mitte der 1990er-Jahre wurde die Diskussion um die pädagogische Qualität immer drängender und präsenter. Der Kronberger Kreis, Hochschulen und Institute widmeten sich bundesweit dem Thema. Ziel war es, die Elementarpädagogik – also Bildung, Erziehung und Betreuung – in den Blick zu nehmen und zur Feststellung ihrer Qualität sichere und praktikable Instrumente zu entwickeln. 1999 wurde die Nationale

Qualität setzt sich aus verschiedenen Aspekten zusammen

Qualitätsinitiative im System der Tageseinrichtungen für Kinder (NQI) vom Bundesministerium für Familie, Senioren, Frauen und Jugend (BMFSFJ) als länder- und trägerübergreifender Forschungsverbund gegründet. Daraus entstanden fünf Teilprojekte, die sich mit unterschiedlichen Schwerpunkten befassten. Bund, Länder und Verbände begleiten die Forschungsarbeiten in einem Beirat, der vom Deutschen Jugendinstitut (DJI) koordiniert wurde.

- Teilprojekte I und II: Qualität in der Arbeit mit Kindern von 0 bis 6 Jahren. PädQUIS, FU Berlin, www.paedquis.de
- Teilprojekt III: Qualität für Schulkinder in Tageseinrichtungen. Sozialpädagogisches Institut NRW, www.umweltschulen.de/audit/quast.html
- Teilprojekt IV: Qualität im Situationsansatz. Institut für den Situationsansatz (INA), FU Berlin, www.ina-fu.org
- Teilprojekt V: Trägerqualität. Staatsinstitut für Frühpädagogik (IFP), www.ifp-bayern.de

In jedem Teilprojekt wurden Materialien erstellt und 2002 begann die bundesweite Erprobung der Forschungsergebnisse. In der Folge davon wurden die Projekte weiterentwickelt und neue Qualitätsmodelle entstanden und eroberten die Kindertageseinrichtungen. Zusammenfassend ist zu sagen, dass es gut durchdachte Verfahren gibt, die die pädagogische Qualitätsentwicklung voranbringen und gut handhabbar sind. Gibt der Träger nicht bereits ein Instrument vor, können Leitung und Team sich für ein Verfahren entscheiden, das optimal zu ihnen, den gestellten Aufgaben und eigenen Qualitätskriterien passt.

Als Instrumente für die interne Evaluation der Qualität seien hier einige Beispiele genannt:
- Checklisten zur Feststellung des Ist-Standes
- Checklisten zur Überprüfung einer Veränderung
- Konkrete Zielvereinbarungen in schriftlicher Form
- Strukturierte Teamdiskussionen zur Erstellung eines Ziels
- Protokolle zu allen Vereinbarungen: Wer macht was mit wem bis wann und wie?
- Dokumentation der Veränderungen
- Überprüfung der Entwicklung und der festgelegten Standards (Audit)

Heutiger Stand

Infrage gestellt wird heute nicht mehr, dass die pädagogische Qualität in einer Kindertageseinrichtung von großer Bedeutung ist und sich auf die Entwicklung von Kindern und deren Bildungschancen auswirkt. Ebenso ist unstrittig, wie bedeutsam eine gute Qualität der Interaktion zwischen pädagogischer Fachkraft und Kind ist. Kindertageseinrichtungen haben einen professionellen pädagogischen Anspruch zu gewährleisten, der eine bildungsintensive Umgebung und einen pädagogisch reflektierten Tagesablauf garantiert. Die pädagogische Qualität wird maßgeblich gewährleistet von handlungskompetenten Fachkräften. Die Kernkompetenzen, die dafür eine große Rolle spielen, sind:
- Wissen um die eigene Biografie
- Selbstreflexionsfähigkeit
- Empathie und Feinfühligkeit
- Kongruente verbale und nonverbale Interaktion
- Ressourcenorientierung
- Wertschätzende, respektvolle Haltung
- Akzeptanz von Unterschiedlichkeit und Vielfalt
- Interesse und Neugier/Wissbegierde

Das alles spielt in den vielen Qualitätsentwicklungsverfahren zur pädagogischen Qualität eine Rolle und fordert Pädagog*innen heraus, die eigene Fachlichkeit zu hinterfragen und weiterzuentwickeln.

Die Rolle der Leitung ist in diesen Prozessen entscheidend für die Entwicklung qualitativ hochwertiger pädagogischer Interaktion. Qualität weiterzuentwickeln ist ihre Aufgabe und bedeutet, sich zu informieren und Verantwortung für den Gesamtprozess zu übernehmen. Ich beobachte immer wieder, dass die „Qualität" des Qualitätsentwicklungsprozesses viel damit zu tun hat, wie die Leitung dahintersteht, den Prozess voranbringen will und sich selbst positioniert. Das eventuelle Gütesiegel an der Eingangstür der Kita zeigt, was gemacht wird und was dem Träger wichtig ist. Die Haltung der Leitung dazu ist jedoch entscheidend für die Umsetzung und das Mittun aller Fachkräfte.

Leitungsqualität

Darüber hinaus gilt es, die Leitungsqualität anzuschauen. Dafür gibt es ein gutes Modell: „Pädagogische Qualität in Tageseinrichtungen für Kinder. Ein Nationaler Kriterienkatalog" (2016) und „Pädagogische Qualität entwickeln. Praktische Anleitung und Methodenbausteine für die Arbeit mit dem Nationalen Kriterienkatalog" (2017). Die von Wolfgang Tietze und Susanne Viernickel herausgegebenen Publikationen sind die überarbeiteten und erweiterten Versionen der Teilprojekte I und II der Nationalen Qualitätsinitiative von 1999. Für den Leitungsbereich ist darin ein völlig überarbeiteter Zugang vorgelegt worden, der sich in der Beschreibung der Leitungsaufgaben an den neuesten Entwicklungen und Rahmenbedingungen von Leitung orientiert und eine gute Möglichkeit darstellt, die eigene Leitungsqualität anhand einer Checkliste einzuschätzen. Mir ist bislang kein anderes Selbstevaluationsinstrument bekannt, das die Leitung für sich nutzen könnte. Die Ergebnisse können dann im Rahmen des Qualitätsentwicklungsprozesses für eine weitere Professionalisierung der Leitungsrolle genutzt werden.

Auf Seite 38 ist ein Beispiel aus dem Bereich „Personalführung und Personalentwicklung" eingefügt mit den Unterpunkten
- Personal- und Teamentwicklung
- Einstellung und Einarbeitung von Mitarbeiterinnen
- Fortbildung und Fortbildungsplanung

Dieser Bereich zeigt die hohe Verantwortung der Leitung und macht deutlich, auf welchen Punkten das Augenmerk liegen sollte. Alle Checklisten können allein oder in Workshops für Leitungskräfte bearbeitet werden.

Auszug aus „Pädagogische Qualität entwickeln" (2017)

Qualitätsbereich 20, Leitung und Team
1. Kompetenz- und Aufgabenprofil von Leitung
2. Personalführung und Personalentwicklung
3. Zusammenarbeit und Kommunikation im Team
4. Strukturen und Abläufe
5. Betriebswirtschaftliche Aufgaben
6. Betriebliche Gesundheitsförderung
7. Konzeption und konzeptionelle Weiterentwicklung
8. Qualitätsentwicklung und Qualitätssicherung
9. Vernetzung und Sozialraumorientierung
10. Öffentlichkeitsarbeit und fachpolitisches Engagement

Wenn die Zusammenarbeit zwischen Leitung und Team geprägt ist von Respekt und Wertschätzung der gemeinsamen Arbeit, kann die Leitung ihre Mitarbeiter*innen dazu auffordern, die Leitungsqualität mithilfe einer eigenen Checkliste festzustellen. Das ist sicher keine leichte Aufgabe und braucht eine gute Vorbereitung. Die Leitungskräfte, die das ausprobiert haben, berichten von guten Erfahrungen, welche den gemeinsamen Prozess in Gang bringen und für einen transparenten Umgang miteinander sorgen.

Literaturtipp

Kronberger Kreis für Qualitätsentwicklung in Kindertageseinrichtungen (Hrsg.) (1998): Qualität im Dialog entwickeln. Wie Kindertageseinrichtungen besser werden. Seelze: Kallmeyer.
Lill, G. (Hrsg.) (2002): Von Abenteuer bis Zukunftsvisionen. Qualitätslexikon für Kindergartenprofis. 2. Aufl., Weinheim, Basel: Beltz.
nifbe (Hrsg.): Qualitätssysteme in KiTas – ein Überblick. Unter: www.nifbe.de.
Tietze, W./Viernickel, S. et al. (Hrsg.) (2016): Pädagogische Qualität in Tageseinrichtungen für Kinder. Ein Nationaler Kriterienkatalog. Berlin: verlag das netz.
Tietze, W./Viernickel, S. (Hrsg.) (2017): Pädagogische Qualität entwickeln. Praktische Anleitung und Methodenbausteine für die Arbeit mit dem Nationalen Kriterienkatalog. Berlin: verlag das netz.

Checkliste Personalführung und Personalentwicklung

Personalführung und Personalentwicklung	überhaupt nicht/nie		selten		hin und wieder/ teils-teils		häufig		überwiegend/fast immer		immer/voll und ganz	
	Selbsteinschätzung	Qualitätsprofil	Selbsteinschätzung	Qualitätsprofil	Selbsteinschätzung	Qualitätsprofil	Selbsteinschätzung	Qualitätsprofil	Selbsteinschätzung	Qualitätsprofil	Selbsteinschätzung	Qualitätsprofil
Personal- und Teamentwicklung												
Ich fördere die berufliche Kompetenz aller Mitarbeiterinnen.	O	O	O	O	O	O	O	O	O	O	O	O
Ich besuche regelmäßig alle Gruppen/Bereiche und informiere mich über die Arbeit der Mitabeiterinnen.	O	O	O	O	O	O	O	O	O	O	O	O
Ich stelle den Mitarbeiterinnen Möglichkeiten zur Verfügung, meine Leitungtätigkeit anonym zu bewerten.	O	O	O	O	O	O	O	O	O	O	O	O
Ich reflektiere die Ergebnisse der Bewertung meiner Leitungstätigkeit und nutze diese für die Entwicklung meiner Leitungsrolle.	O	O	O	O	O	O	O	O	O	O	O	O
Ich setze mich mit unterschiedlichen fachlichen Positionen im Team auseinander.	O	O	O	O	O	O	O	O	O	O	O	O
Ich führe einmal jährlich mit jeder Mitarbeiterin ein Personalentwicklungsgespräch durch, bei dem die persönliche berufliche Entwicklung der Mitarbeiterin besprochen wird.	O	O	O	O	O	O	O	O	O	O	O	O
Ich orientiere mich in den Personalentwicklungsgesprächen an einem Leitfaden, der allen Mitarbeiterinnen zur Verfügung steht.	O	O	O	O	O	O	O	O	O	O	O	O
Ich bespreche im Personalentwicklungsgespräch mit der Mitarbeiterin Zielvereinbarungen.	O	O	O	O	O	O	O	O	O	O	O	O
Einstellung und Einarbeitung von Mitarbeiterinnen												
Ich verfüge über ein schriftliches Konzept zur Personalauswahl.	O	O	O	O	O	O	O	O	O	O	O	O
Es liegt ein schriftliches Konzept zur Einarbeitung neuer Mitarbeiterinnen vor.	O	O	O	O	O	O	O	O	O	O	O	O
Neue Mitarbeiterinnen erhalten in der Einarbeitung Anleitung und Unterstützung.	O	O	O	O	O	O	O	O	O	O	O	O
Alle neuen Mitarbeiterinnen, auch Ersatzkräfte und Berufspraktikantinnen, werden mit der Konzeption der Einrichtung und weiteren bedeutsamen Aspekten vertraut gemacht (z. B. Reglungen und Verfahren zur Sicherheit, Gesundheit und Ernährung der Kinder, Routinen und Abläufe, individuelle Bedürfnisse von Kindern und Familien).	O	O	O	O	O	O	O	O	O	O	O	O
Ich habe sichergestellt, dass Berufs-/Anerkennungspraktikantinnen von erfahrenen und für diese Aufgabe qualifizierten pädagogischen Fachkräften angeleitet werden.	O	O	O	O	O	O	O	O	O	O	O	O
Fortbildung und Fortbildungsplanung												
In die jahresbezogene Fortbildungsplanung für die von mir geleitete Kindertageseinrichtung beziehe ich alle Mitarbeiterinnen und mich ein.	O	O	O	O	O	O	O	O	O	O	O	O
Es gibt ein Konzept für den Transfer von Fortbildungsinhalten ins Team.	O	O	O	O	O	O	O	O	O	O	O	O
Ich organisiere gemeinsam mit dem Träger regelmäßige Teamfortbildungen.	O	O	O	O	O	O	O	O	O	O	O	O

Quelle: Tietze, W./Viernickel, S. (Hrsg.) (2017): Pädagogische Qualität entwickeln. Praktische Anleitung und Methodenbausteine für die Arbeit mit dem Nationalen Kriterienkatalog. Berlin: verlag das netz.

10. Teamentwicklung

Die Leitung hat die Aufgabe, sich mit den Besonderheiten eines Teams und den Eigenarten eines jeden Teammitglieds zu befassen und dabei nichts aus den Augen zu verlieren. An dieser Stelle soll es vor allem darum gehen, welche Teamaspekte Leitung im Blick haben sollte, um die Möglichkeiten, einzugreifen und zu steuern, nicht ungenutzt verstreichen zu lassen. Das Konfliktpotenzial ist nicht zu unterschätzen und in vielen Teams sorgt genau dieses Potenzial für viel Energieverschwendung. Zum einen sind es alle Forderungen, die an die Umsetzung der pädagogischen Arbeit gestellt werden können und müssen, zum anderen sind es die persönlichen Vorlieben, Kompetenzen und auch Schwächen der Mitarbeiter*innen, die die Leitung im Hinblick auf die Beziehungen und Abläufe sowie auf die Anforderungen der täglichen Arbeit berücksichtigen sollte. Erforderlich sind also eine gute Beobachtungsgabe, eine realistische Wahrnehmung der Möglichkeiten und eine Entscheidungsbereitschaft im Hinblick auf die vorrangigen Belange einer Kindertageseinrichtung.

Sollte die Leitung feststellen, dass es kein grundlegendes Vertrauen mehr im Team gibt, die Konfliktlage sogar aussichtslos zu sein scheint, sich Cliquen mit unterschiedlichen Standpunkten bilden und eine Einigung auf einen gemeinsamen Nenner nicht mehr möglich ist, dann ist sie gut beraten, wenn sie sich, in Absprache mit dem Träger, Hilfe in Form von externer Beratung holt. Denn in jedem Konflikt steckt die Möglichkeit zur Neuorientierung und Weiterentwicklung. Hier sollten Fachberatung, Fortbildung oder Supervision genutzt werden, um die eigene Rolle als Leitung zu festigen und den eigenen Anteil sichtbar zu machen. Erst dann kann eine neue Handlungsstrategie entwickelt und ggf. von außen begleitet werden (dazu mehr in Kapitel III.5).

Ein gutes Arbeitsklima schaffen

Eine Leitung, die ein gutes Arbeitsklima anstrebt, schöpft alle Möglichkeiten aus, um die Zusammenarbeit insgesamt zu fördern und ggf. unterstützend zu verbessern. Ein Team ist eine nicht freiwillig gewählte Gemeinschaft mit dem Auftrag, die gestellten Aufgaben gemeinsam zu bewältigen. In anderen Gruppen, die eher den persönlichen Wünschen entsprechen (z. B. Freundeskreis), sind die Fachkräfte in einer anderen Rolle und können sich auch anders verhalten. In einem Arbeitsteam sollte der größte Teil der Arbeit aus Aufgaben bestehen, die die Mitglieder gerne und sicher bewältigen, und zu einem anderen Teil aus Herausforderungen. Die Leitungsaufgabe besteht darin, alle Mitarbeiter*innen ihren Kompetenzen, Ressourcen und Präferenzen entsprechend einzusetzen, um einen gelingenden und sinnstiftenden Arbeitsalltag zu gestalten.

Die Teammitglieder motivieren und ihre Potenziale nutzen

Dazu gehört auch eine gute Mitarbeiter*innenführung, um die Voraussetzungen für jede*n Einzelne*n zu schaffen, in einem gut funktionierenden Team zu arbeiten. Es ist nicht zu unterschätzen, wie bedeutsam die Rolle der Leitung hier ist. Sie ist verantwortlich für ein gesundes Arbeitsklima, ausreichende Arbeitsmotivation, die Einhaltung der gemeinsamen Regeln sowie des Arbeitsvertrages, dafür, Identifikation zu stiften, Fairness spürbar zu machen und genügend Raum für Individualität zu gewähren. Kein leichtes Unterfangen, denn man hat es in jedem Team mit Individualisten zu tun. Da sind die Theorien der Gruppendynamik sehr hilfreich, um zu verstehen, wie schnell wir in Gruppen in bestimmte Rollen geraten, erlernte Verhaltensmuster zeigen und uns daran abarbeiten. Je größer die Bereitschaft zur Selbstreflexion ist, umso besser gelingt die Teamarbeit. Die Chance der Veränderung birgt echtes Potenzial, muss aber nutzbar gemacht werden – und das ist die Leitungsaufgabe.

Zu einem guten Team zusammenwachsen

Teamanalyse

Wenn es Konflikte im Team gibt, die Arbeitsabläufe nicht mehr gesichert erscheinen und das Bedürfnis nach Anerkennung, Wertschätzung und Sicherheit ins Ungleichgewicht geraten ist, gibt es immer einen Grund, der dazu geführt hat. Hier den Blick zu schärfen, die Ursachen zu beleuchten, anzusprechen, was angesprochen werden muss, und damit Veränderung zu ermöglichen, sind gute Voraussetzungen, um erfolgreich zu führen. Die Dynamik eines Teams fordert alle heraus. Sich Instrumente zu suchen, die Erklärungen oder zumindest eine vorsichtige Diagnose ermöglichen, ist ratsam.

Der amerikanische Psychologe Bruce Tuckman hat bereits 1965 das Modell der vier Teamphasen – und damit die Grundlage für die „Team-Uhr" – entwickelt, dem er 1970 eine weitere Phase (Adjourning) hinzufügte. Dieses Modell gilt auch heute noch als maßgeblich für soziale Organisationen (vgl. Pfreundner 2017, S. 31ff.). Die Phasen benannte Tuckman wie folgt:

1. Formierungsphase (Forming)
2. Konfliktphase (Storming)
3. Regelphase (Norming)
4. Arbeitsphase (Performing)
5. Auflösungsphase (Adjourning)

Dave Francis und Don Young haben diese Theorie 1989 zum Instrument der „Teamentwicklungsuhr" weiterentwickelt (s. Schaubild). Es lohnt sich in jedem Fall, beim eigenen Team genau hinzuschauen, welche Verhaltensweisen der Teammitglieder vorherrschen und wie der Kontakt und die Kommunikation untereinander gestaltet werden.

Bei der Teamanalyse mithilfe der Teamentwicklungsuhr können folgende Fragen hilfreich sein:

- Wie spät ist es in meinem Team?
- Welche Verhaltensweisen stelle ich vorrangig fest?
- An welchen Stellen kann ich eingreifen und für Transparenz meiner Beobachtungen sorgen?
- Wie ist meine Rolle in dieser Situation und was ist mein Anteil daran?

Die folgende Auflistung kann zur Teamdiagnose genutzt werden. So kann jede Leitung Schwachstellen im Team aufdecken und genau schauen, in welcher Phase sich das eigene Team befindet. Wichtige Eigenschaften eines Teams:

- Kooperation
- Orientierung an gemeinsamen Zielen
- Positives Management von Spannungen und Konflikten
- Aufbau arbeitsteiliger Funktionsgefüge
- Offenheit und Wahrhaftigkeit
- Erfolgserlebnisse und Lob
- Erkennen von Anforderungen und Möglichkeiten
- Nutzen der Kreativität aller Teammitglieder
- Herbeiführen von Entscheidungen in einer allen bekannten Form
- Planvolles, konzeptionelles Vorgehen
- Selbstständigkeit der einzelnen Teammitglieder
- Bestätigung mit dem Effekt vertrauensvoller Beziehungen

Teamentwicklungsuhr nach Francis & Young
Was hat die Uhr in Ihrem Team geschlagen?

Performing – Verschmelzungsphase (12–9): ideenreich, flexibel, offen, leistungsfähig, solidarisch und hilfsbereit

Forming – Testphase (12–3): höflich, unpersönlich, gespannt, vorsichtig

Storming – Nahkampfphase (3–6): unterschwellige Konflikte, Konfrontation der Personen, Cliquenbildung, mühsames Vorwärtskommen, Gefühl der Ausweglosigkeit

Norming – Organisationsphase (6–9): Entwicklung neuer Umgangsformen, Entwicklung neuer Verhaltensweisen, Feedback, Konfrontation der Standpunkte

Weitere wichtige Aspekte sind die Persönlichkeit und die persönliche Biografie jedes einzelnen Teammitglieds sowie der Umgang mit- und die Beziehungen untereinander. Analysefragen dazu können z. B. sein:
- Welche Sprache wird gesprochen?
- Was geht und was geht nicht?
- Wo liegen die unausgesprochenen Konflikte?
- Wer kann mit wem gut arbeiten?
- Wo passen Kolleg*innen überhaupt nicht zusammen?
- Was stört den Arbeitsablauf?
- Wie werden Probleme gelöst?
- Wer bekommt von wem Anerkennung und Verständnis?

Diese Liste kann beliebig erweitert werden, um beispielsweise die Hindernisse für eine gelingende Teamarbeit zu ergründen. Letztendlich sind die Bedürfnisse jedes Teammitglieds in den Blick zu nehmen, wenn es um berufliche Motivation und berufliche Identität geht. Nachhaltige Teamentwicklung kann nur gelingen, wenn dieser Teil berücksichtigt wird. Abraham Maslow (1908–1970) hat in seinen Forschungen die sogenannte Bedürfnispyramide entwickelt, die für das Verstehen menschlichen Verhaltens grundlegend ist (s. Kasten).

Die Pyramide besagt, dass der Mensch erst dann, wenn eine Ebene ausreichend gesichert erscheint, in der Lage ist, sich um die nächsthöhere Ebene zu kümmern. Das bedeutet auch, dass Teilhabe und Wertschätzung ein Garant dafür sein können, sich in einem Team selbst zu verwirklichen und somit die fünfte Ebene zu erreichen. Daher kann dieses Modell die Wahrnehmung und Ergründung von Hindernissen in der nicht gelingenden Zusammenarbeit im Team durchaus unterstützen.

Was ist seitens der Leitung also förderlich für die Teamentwicklung und aus eigener Kraft leistbar?
- Gute Leistungen wahrnehmen und anerkennen
- Fortbildung und fachliche Weiterentwicklung unterstützen
- Beratungsangebote nutzbar machen
- Eigenständige Entscheidungen in einem vorgegebenen Rahmen treffen lassen
- Arbeit nach den persönlichen Präferenzen so viel wie möglich zugestehen
- Für einen fairen Umgang miteinander sorgen

Bedürfnispyramide nach Maslow

- Selbstverwirklichung
- Wertschätzung
- Soziale Bedürfnisse
- Sicherheitsbedürfnisse
- Physiologische Bedürfnisse

- Loyalität untereinander fördern
- Faire und gerechte Aufgabenteilung anstreben
- Transparenz herstellen für alle Belange, sofern sie nicht der Verschwiegenheit unterliegen
- Partizipation ermöglichen, wo es möglich ist

Es ist durchaus denkbar, dass bei einer Dienstbesprechung oder einem Teamtag die Teamziele eine Rolle spielen und gemeinsam festgelegt werden. Das fördert den Teamgeist und macht die Mitarbeiter*innen zu Beteiligten an dem Vorhaben, eine gute Teamkultur zu entwickeln. Das heißt nicht, dass es keine Konflikte mehr geben wird, aber es bedeutet, mögliche Konflikte anzugehen, sie transparent zu machen und zu einer Lösung beizutragen. Je stärker das ganze Team in diesen Prozess einbezogen ist, umso mehr tragen auch alle die gemeinsame Verantwortung für das Teamklima.

Teamwetterkarte

Die Tabelle ist dazu gedacht, eine persönliche Beziehungswetterkarte zu erstellen, um den Blick auf ein gut bekanntes oder nur wenig bekanntes Team symbolisch zu visualisieren. Sie ermöglicht der Leitung, sich einen visualisierten Zugang zu verschaffen und diesen als Grundlage für mögliche Interventionen und Strategien zu nutzen. Es handelt sich also um ein Instrument, das – da es subjektiv ist – ausschließlich für die Teamdiagnose der Leitung gedacht ist. So wird sehr schnell deutlich, wie die Grundstimmung im Team ist und worauf sich die Leitung einzustellen hat.
Sie sollte sich selbst mit einbeziehen, wenn sie Mitglied dieses Teams ist bzw. war.

Die Namen aller Kolleginnen und Kollegen werden vertikal und horizontal in gleicher Reihenfolge eingetragen. An dem jeweiligen Schnittpunkt, an dem zwei Namen aufeinandertreffen, wird ein Symbol eingetragen.
Die folgenden Symbole stehen für die Beziehungen untereinander:

Herz	❤️	freundschaftliche Beziehung
Sonne	🟡	arbeiten gerne zusammen
Wolke	☁️	neutraler Umgang/nicht einzuschätzen
Blitz	⚡	konfliktreiche Beziehung

Beziehungswetterkarte:

x	1	2	3	4	5	6	7	8
1	x			❤️				
2		x				⚡		
3			x					
4				x		🟡		
5					x		🟡	
6						x		
7							x	
8								x

Quelle
© Ina Schütt 2018

Die Teamwetterkarte

Dabei handelt es sich um eine Methode, mit deren Hilfe die Leitung das Teamklima einschätzen kann. Die „Teamwetterkarte" ist in den letzten zwei Jahren in der Praxis erprobt worden. Leitungskräfte haben ganz unterschiedliche Zugänge dazu entwickelt und so dazu beigetragen, diese Idee in eine Form zu bringen.

Im Anschluss an das Ausfüllen der Tabelle kann die Leitung die Ergebnisse unter folgenden Fragen analysieren:
- Welches Klima herrscht in meinem Team?
- Was hat mich erstaunt, gewundert, erschreckt?
- Wie heißt meine Teamdiagnose?
- Was sind meine nächsten Interventionen?

Inwiefern profitiert die Leitung von dieser Methode? Sie hat sich intensiv mit jedem einzelnen Teammitglied beschäftigt und eine Einschätzung der Beziehungen vorgenommen. Hier neutral zu sein, ist eine große Herausforderung, da die einzige verlässliche Größe die eigene Wahrnehmung ist. Es gilt also, sich dieser Subjektivität bewusst zu sein und alle Fairness und Loyalität aufzubringen, um eine möglichst realistische Wetterkarte zu erstellen. Leitungen sind oft erstaunt bei der

Auswertung ihrer Teamwetterkarte, weil manche Aspekte vorher nicht sichtbar waren – z. B. eine Mitarbeiterin zu haben mit ausschließlich Sonnensymbolen und dann zu bemerken, dass das diejenige ist, die oft einspringt, Dienste übernimmt, hilfreich unterstützt, gut im Gespräch ist, sich positioniert und fair ist. Ebenso zeigt sich manchmal der eigentliche Konfliktherd sehr deutlich und kann damit besser in den Fokus genommen und bearbeitet werden.

Jede*r am richtigen Platz?

Die Zusammenarbeit im Team und die gemeinsame Weiterentwicklung sind die Basis für ein gutes Teamklima. Dieses wirkt sich unmittelbar auf die pädagogische Arbeit und die Atmosphäre in der Einrichtung aus. Oft ist schon beim Betreten einer Kita zu spüren, was für ein Klima untereinander herrscht. Das macht sich fest an der Begrüßung, der Bereitschaft, Auskunft zu geben, zu unterstützen und zu helfen. Je selbstverständlicher das ist, umso mehr ist das Team im Gleichgewicht.

Zudem ist ein Team dann erfolgreich, wenn jede*r am richtigen Platz mit der richtigen Aufgabe betraut wird, die sie/er ihren/seinen Kompetenzen und Präferenzen entsprechend gut bewältigen kann und mit Freude ausführt. Nicht unterfordert und nicht überfordert zu sein, gerecht behandelt zu werden und eine gute Balance zwischen Arbeitswelt und persönlichem Lebensentwurf gestalten zu können, ist wünschenswert. Damit dieses Ziel erreicht werden kann, muss die Leitung sehr genau hinschauen: Wer kann was gut leisten? Womit bin ich zufrieden und an welchen Stellen möchte ich gerne andere Verhaltensweisen und Kollegialität sehen? Dann gibt es nur eine Möglichkeit: diese Aspekte mit den Betroffenen zu besprechen.

No Gos im Umgang mit dem Team

Zum Schluss eine Zusammenfassung dessen, was die Leitung auf keinen Fall tun sollte, wenn ihr das Team am Herzen liegt:

1. Kritikpunkte an einzelnen Mitarbeiter*innen bei allen anmahnen: **Generalisieren!**
   Beispiel: Zuspätkommen einer Mitarbeiterin für eine Ermahnung an alle nutzen. Jede*r weiß, wer gemeint ist, und viele ärgern sich, weil sie immer pünktlich sind und sich nicht gesehen fühlen.
2. Dank an eine Mitarbeiterin/einen Mitarbeiter für eine geleistete Aufgabe vor allen anderen, auch wenn andere daran beteiligt waren und ebenfalls ihren Teil geleistet haben: **Belobigen!**
   Beispiel: Nach einem Sommerfest, das alle mitgestaltet haben, den Mitarbeiter besonders loben, der das Elterncafé organisiert hat, und damit alle anderen brüskieren.
3. Den Fehler einer Mitarbeiterin/eines Mitarbeiters vor dem Team benennen und kritisieren, obwohl es dazu schon ein Personalgespräch gab und alle davon wissen: **Blamieren! Bloßstellen!**
   Beispiel: Eine Mitarbeiterin hat die Verschwiegenheitspflicht verletzt und ist dafür ermahnt worden. In der nächsten Teamsitzung kommt die Leitung noch einmal auf das Fehlverhalten der Mitarbeiterin zu sprechen.
4. Eine Arbeitsaufgabe stellen, an der sich alle beteiligen. Danach Kritik üben, sagen, dass man sich das anders wünscht, und Anweisungen zur erneuten Durchführung geben: **Überlegenheit!**
   Beispiel: Die Zusammenarbeit mit Familien wurde neu gedacht und eine Ideensammlung mit ersten Schritten zur Durchführung erstellt. Die Leitung findet die Ergebnisse nicht gut und sagt, wie es gemacht werden soll – nämlich anders und ihren Vorstellungen entsprechend. Das kann auch gleich gesagt werden, dann entsteht nicht das Gefühl von vertaner Zeit.
5. Den Anschein von Partizipation erwecken und die Mitarbeiter*innen glauben machen, sie könnten mitbestimmen: **Täuschung!**
   Beispiel: Die Kita wird umgebaut und alle Gruppen werden neu ausgestattet. In einer Teamsitzung soll gemeinsam überlegt werden, wie das aussehen könnte. Alle beteiligen sich, stellen Ideen zur Verfügung und äußern Wünsche und Vorstellungen. Nach der Diskussion legt die Leitung ihre Vorstellungen dar und sagt, dass es so gemacht wird. Eine solche Scheinbeteiligung ist bitter und verletzend.
6. Bei jeder Gelegenheit die eigene Überzeugung deutlich machen und sofort eingreifen, wenn etwas nicht nach den eigenen Vorstellungen geschieht: **Machtmissbrauch!**
   Beispiel: Die Leitung kommt zu einer Situation hinzu und reagiert sofort, ohne zu wissen oder danach zu fragen, was vorher passiert ist. Bei Bevormundung steigen Mitarbeiter*innen aus und werten das Eingreifen als unverschämt.
7. Das Team über einen Auftrag im Unklaren lassen und einfach etwas anordnen, ohne die Hintergründe oder Beweggründe zu benennen: **Angst! Unsicherheit!**

Beispiel: Es gibt eine Anweisung des Trägers, Personal innerhalb des bestehenden Teams zu versetzen. Hintergrund ist die Sorge des Trägers, dass sich zu starke persönliche Beziehungen zwischen einzelnen Teammitgliedern zeigen. Die Leitung setzt um und geht in keiner Weise auf die Gründe dafür ein.

8. Sich mit einem Teil des Teams verbünden und so die Spaltung und Cliquenbildung unterstützen: **Bevorzugen!**
Beispiel: Die Leitung gibt Informationen nicht an alle und sorgt so für Unsicherheit und Unwissenheit. Mit ausgewählten Mitarbeiter*innen verbringt sie regelmäßig die Pause. Zudem berücksichtigt sie bestimmte Mitarbeiter*innen bei Urlaubswünschen und anderen Terminen.

Die Leitungsfunktion bietet eine außerordentliche Chance, die Geschicke des Teams in die Hand zu nehmen, zu begleiten und positiv zu gestalten. Die Wirkung eines reflektierten und sicheren Auftretens und eines verantwortungsvollen und fairen Umgangs mit allen Mitarbeiter*innen wird in jedem Fall gewürdigt und anerkannt. Die Haltung der Leitung zu ihrer Führungsaufgabe und deren Gestaltung spiegelt sich im Team wider. Wichtigste Voraussetzung für das professionelle Führen eines Teams: sich trauen hinzuschauen und für Transparenz der Prozesse sorgen.

Literaturtipp
Fialka, V. (2013): Moderation – Methoden für die Teamarbeit. kindergarten heute – management kompakt. Freiburg: Herder.
Francis, D./Young, D. (2007): Mehr Erfolg im Team. Hamburg: Windmühle.
Lill, G. (2003): Führen und Leiten – wie Kindergärten TOP werden. Weinheim, Basel: Beltz.
Meier, D. (2004): Wege zur erfolgreichen Teamentwicklung. Ein Werkstattbuch für die Praxis. Norderstedt: Books on Demand.
Pfreundner, M. (2017): Teamentwicklung. kindergarten heute – leiten kompakt. Freiburg: Herder.
van Dick, R./West, M.A. (2005): Teamwork, Teamdiagnose, Teamentwicklung. Bern: Hogrefe.

11. Neues entdecken und integrieren

Die Aufgabe, die aktuelle Fachszene im Blick zu haben, politische Forderungen zu hinterfragen, sich den gegenwärtigen Lebensbedingungen von Kindern und Familien zu stellen und Veränderungen zu verstehen, ist unumgänglich. Jeder Trend, alles Neue kommt unendlich schnell in der Kita an. Es sind Mütter und Väter von Kleinstkindern, die gesellschaftliche Veränderungen repräsentieren und damit für Neues stehen. Die nächste Generation bringt irgendwann ein Kind in die Kita, und wenn sich die Einrichtung im Dornröschenschlaf befindet und kein wohlwollender Prinz sie zu neuem Leben erweckt, geht irgendwann das Licht aus und das Interesse an der Kita schwindet. Was heißen soll, sich zu informieren über die Bedingungen, unter denen diese Kinder aufwachsen, über das Lebensumfeld der Familien und damit auch den Sozialraum, in dem sich die Kita befindet, über frühpädagogische und psychologische Forschungsergebnisse, die Bestandteil der eigenen Arbeit sein müssen. Das heißt nicht, jeden Trend mitzumachen und jedes Forschungsergebnis kritiklos zu übernehmen, sondern genau zu prüfen, was ernst zu nehmen bzw. was von Bedeutung für die eigene Arbeit sowie ethisch und moralisch vertretbar ist. Insofern ist die Leitung die Schnittstelle für die Integration neuer Erkenntnisse.

In den letzten zehn Jahren hat sich die gesamte Kita-Szene rasant verändert und damit natürlich auch die frühpädagogische Arbeit. Die Herausforderungen sind groß. Hier seien einige Beispiele genannt:
- Der Rechtsanspruch auf einen Betreuungsplatz für Kinder ab dem 2. Lebensjahr in Kita oder Tagespflege;
- die unterschiedlichen Bildungs- bzw. Orientierungspläne der Bundesländer;
- neue Kita-Gesetze der Bundesländer zu Betreuung, Bildung und Erziehung, zum Betreuungsschlüssel, zur Leitungsqualifizierung, zum Fachkräftegebot etc.;
- veränderte und erweiterte Betreuungszeiten;
- vielschichtige Veränderungen von Familienformen (Alleinerziehenden-, Patchwork-, Regenbogenfamilien etc.) und Lebenssituationen von Familien (Armut, Fluchthintergrund etc.);

- §8a SGB VIII zur Kindeswohlgefährdung;
- Etablierung von Partizipation und Beschwerdemanagement als Voraussetzung für die Betriebserlaubnis der Kita;
- Akademisierung der Ausbildung (Studiengänge Kindheitspädagogik);
- Entwicklung und Fortschreibung einer pädagogischen Konzeption;
- Gestaltung der Zusammenarbeit mit Eltern als Bildungs- und Erziehungspartnerschaft;
- Erfordernis von Fachberatung, Fortbildung und Supervision (auch Stichwort „lebenslanges Lernen");
- Neues aufnehmen und einen Transfer in die Praxis leisten;
- Beobachtung und Dokumentation von Bildungs- und Lernprozessen;
- Verpflichtung zur Qualitätsentwicklung;
- Inklusion als Forderung für die Zukunft und grundsätzliche Haltung;
- …

Mit all diesen und weiteren Themen hatte die Leitung in den letzten Jahren zu tun und musste sich den Veränderungen stellen, um den Forderungen gerecht zu werden und als Kita attraktiv zu bleiben. Das kostet Zeit, Kraft und Energie und braucht vor allen Dingen Einsicht in die Notwendigkeit, den Anschluss nicht zu verpassen und mitzugestalten.

Die Leitung sollte neugierig sein auf alles, was sich in der Kita-Szene tut, und offen sein für eigenes (Dazu-)Lernen. Wenn sie für sich beschlossen hat, neue Ideen zu prüfen, für gut befundene Ideen Träger und Team zu unterbreiten und eine Umsetzung anzuregen und zu begleiten, sind die Weichen für die Integration von Neuem gestellt.

Literaturtipp

Gliesche, C. (2017): Leitungsmanagement von A bis Z. Ein Leitfaden für die Kita aus der Praxis für die Praxis. Berlin: verlag das netz.
Möller, J.-C./Schlenther-Möller, E. (2016): Kita-Leitung. Leitfaden für Qualifizierung und Praxis. 7. Auflage, Berlin: Cornelsen.
Stamer-Brandt, P./Tofern, F. (2013): Leitungswissen Kita. Freiburg: Herder.

Die Leitung gibt Orientierung

12. Weitere Aufgaben

Es gibt sicher noch Leitungsaufgaben, die hier nicht behandelt wurden und, je nach Trägerspezifik, erfüllt werden müssen oder können. Dazu gehören die Öffentlichkeitsarbeit und der Internetauftritt der Einrichtung. In diesem Feld erfahren Leitungen durch den Träger in der Regel Unterstützung und können häufig Fortbildungen nutzen, um sich zu qualifizieren. Ähnlich verhält es sich mit den Verwaltungsaufgaben, den betriebswirtschaftlichen Aufgaben und dem Einhalten der rechtlichen Gesundheitsvorsorge für Kinder und Mitarbeiter*innen. Hier gibt es klare Vorgaben zu Meldungen bei Erkrankungen sowie bei baulichen Mängeln, die die Gesundheit gefährden können, an Gesundheitsamt, Eltern und Öffentlichkeit. Bei Unsicherheit in diesen Bereichen empfiehlt es sich, beim Träger das bestehende Prozedere zu erfragen und um Unterstützung zu bitten. Ich habe mich in diesem Teil des Heftes deshalb eher den Aufgaben gewidmet, die nicht immer zur Zufriedenheit und in aller Klarheit geregelt sind und einen eigenen Gestaltungsspielraum ermöglichen.

III. Leitung bleiben

1. Die Freude an der Arbeit erhalten

Das Aufgabenspektrum einer Kita-Leitung ist vielfältig, aber auch immens und herausfordernd. Immer ist sie dabei mit den Anforderungen des Trägers, den Bedürfnissen der Mitarbeiter*innen sowie den Wünschen und Bedarfen der Eltern konfrontiert und sitzt nicht selten „zwischen allen Stühlen". Wenn die Anforderungen zu groß sind und die vorhandene Arbeitszeit zur Bewältigung der Aufgaben nicht ausreicht, werden Freude und Lust an der Arbeit auf eine harte Probe gestellt. Die Gefahren liegen vor allem in einem zu hohen Anspruch an sich selbst (Perfektionismus) sowie in fehlenden Kontrollsystemen, die zur richtigen Zeit ein „Stopp" setzen. Die Freude am Job ist von verschiedenen Faktoren abhängig, die von Leiter*innen, die lange dabei sind, wie folgt beschrieben werden:

- Die Möglichkeit, an Veränderungen mitzuwirken und über die Zukunft von Kita mitzubestimmen
- Pädagogische Prozesse anzuleiten und zu begleiten
- Das Team in allen Belangen zu führen und zu begleiten
- In Konflikten konstruktiv Einfluss nehmen zu können
- Die Freude am Miteinander von Menschen, auch wenn es mal „knirscht und knackt"
- Erfolge in der Arbeit mit Kindern und Familien zu erleben
- Familien zu beraten und mit ihnen eine neue, befriedigende Perspektive zu entwickeln
- Die Kita nach außen zu vertreten, sie vorzustellen und für sie zu werben

- Vom Träger, von Kooperationspartnern, Eltern und Mitarbeiter*innen geschätzt, akzeptiert und gehört zu werden
- Akzeptanz für die Leitungsrolle zu erfahren
- In schwierigen Situationen faire Lösungen zu finden, die für alle Beteiligten akzeptabel sind
- Sich dem aktuellen Stand der Pädagogik, aber auch den gesellschaftspolitischen Forderungen zu stellen und durch die tägliche Arbeit an gesellschaftlichen Prozessen mitzuwirken
- Neue Herausforderungen anzunehmen und Ideen zur Bewältigung zu entwickeln
- Ein Team zu leiten und die Konzeption des Hauses umzusetzen und fortzuschreiben
- Gut vernetzt zu sein mit anderen Leitungen und sich gegenseitig zu unterstützen
- Keinen Perfektionismus mehr anzustreben
- Und noch vieles mehr …

Fragen zur Selbstreflexion bei anhaltendem Motivationstief

- Wo sehe ich meine Stärken?
- Wo sehe ich meine persönlichen Herausforderungen?
- Wer hindert mich in meiner Leitungsrolle?
- Wie sieht meine Perspektive als Leitung aus?
- Womit bin ich zufrieden?
- Womit bin ich unzufrieden?
- Welche Aufgaben/Arbeitsbereiche langweilen mich?
- Welche Aufgaben/Arbeitsbereiche machen mir nach wie vor Spaß?
- Gibt es Personen, die bei mir Unlust, Ärger, Verdruss o. Ä. auslösen?
- Bin ich überfordert oder unterfordert?
- Gibt es Gründe in meinem privaten Umfeld?

Wenn Leitung nun feststellt, dass die Freude an der Arbeit schwindet, ist es wichtig, sich kritisch zu fragen, woran es liegen könnte und ob es eine Chance zur Veränderung gibt. Mit einem solchen Schwinden der Freude ist nicht ein vorübergehendes Tief gemeint, in das man nach einem Misserfolg, einem schlecht gelaufenen Tag oder durch eine persönliche schwierige Phase gerät. Gemeint ist eine Stimmung, die anhält, unzufrieden macht und Einfluss nimmt auf die Arbeitshaltung und die Bewältigung des „Alltagsgeschäfts". Wenn jede kleine Herausforderung Unlust bereitet und die Motivation oder auch das Zutrauen schwindet, sie zu bewältigen, ist das ein sicheres Alarmzeichen.

Hilfreich ist es, in einer solchen Situation den Fragenkatalog (s. Kasten) zu bearbeiten, anhand dessen die Situation deutlich wird und Veränderungen anvisiert werden können.

Die Frage, was zu tun ist, lässt sich nicht so einfach beantworten, und es gibt leider kein Rezept für die Erhaltung der Freude am Job und den damit verbundenen Aufgaben. Die genannten Fragen zur Selbstreflexion können Klarheit schaffen und zu Ideen und Lösungen führen. Gelingt dies nicht, ist es ratsam, sich Unterstützung und Hilfe von außen zu holen, z. B. durch Supervision, Coaching, Fachberatung oder kollegiale Beratung (dazu mehr in den Kapiteln III.4 und III.5). Es ist, nach eingehender Beleuchtung der unzufriedenstellenden Situation, in jedem Fall möglich, eine Veränderung herbeizuführen, wenn die Leitung das will. Ziel ist es, die Arbeits- und Leistungsfähigkeit zu erhalten, verbunden mit dem Gefühl, zur richtigen Zeit am richtigen Ort zu sein.

Wenn sich aus der Reflexion Wünsche zur beruflichen Veränderung ergeben, dann ist zu schauen, wie sich diese umsetzen lassen und ein Jobwechsel zufriedenstellende Veränderung bringt. Wenn sich aber zeigen sollte, dass Gesundheit und Vitalität, verbunden mit körperlichem, emotionalem und sozialem Wohlbefinden, leiden, dann sind erforderliche Veränderungen in der Regel nicht mit einem Jobwechsel getan, sondern es geht vielmehr um eine eingehende Prüfung der körperlichen und psychischen Konstitution, um längerfristig nicht „auszubrennen" (s. nächstes Kapitel).

2. Burnout begegnen

In den 1970-Jahren prägte der Psychotherapeut Herbert Freudenberger den Begriff „burn-out" (ausgebrannt), indem er über das eigene „Ausgebranntsein" schrieb nach einer Zeit, in der er über seine Kräfte gearbeitet hatte. Für Burnout gibt es keine eindeutige Definition. Es wird damit ein Zustand beschrieben, der von starker emotionaler und körperlicher Erschöpfung geprägt ist, die sich in unterschiedlichen Symptomen zeigt. Burnout ist kein rein physisches Phänomen, sondern immer auch ein psychisches. In vielen

Anzeichen von Burnout rechtzeitig erkennen

Fällen überschneiden sich die Symptome mit denen einer Depression. Typisch sind nachlassende Leistungsfähigkeit und damit weniger Erfolge in der Arbeitswelt, anhaltende Müdigkeit und Erschöpfung, die das Gefühl entstehen lassen, die anfallenden Aufgaben nicht bewältigen zu können. Das führt in der Folge zu innerer Leere, Sinnverlust und einem schleichenden Rückzug aus dem sozialen Leben und der Partnerschaft. Unzufriedenheit und Gleichgültigkeit machen sich breit und die Freude an alltäglichen Erlebnissen schwindet.

Als gesichert gilt, dass die folgenden Situationen die Wahrscheinlichkeit von Burnout begünstigen:

- Konflikte am Arbeitsplatz (mit Kolleg*innen und Vorgesetzten)
- Ständige Unterbrechungen bei der Erledigung von Arbeitsaufgaben
- Zu hohe und unerfüllbare Erwartungen
- Unklare Strukturen und Verunsicherungen
- Hohe Verantwortung und extremer Zeitdruck
- Langeweile und zu viele Routinen
- Geringe Einflussmöglichkeiten auf Entwicklungsprozesse
- Angst um den Arbeitsplatz

Zum Thema Burnout wird viel geforscht und geschrieben. Als Ursache wird immer wieder Stress beschrieben, wohl wissend, wie subjektiv das Stressempfinden ist. Was man selbst als Stress empfindet, kann für andere geradezu lächerlich erscheinen (und umgekehrt), aber nur man selbst weiß, wo die eigene Belastungsgrenze liegt. Ein überhöhter Anspruch an sich selbst (Perfektionismus) sowie das Gefühl, nur Anerkennung zu bekommen, wenn man übermäßig viel leistet, gelten als Stressverstärker. Gründe hierfür liegen meist in der individuellen Biografie, werden aber durch unsere Leistungsgesellschaft begünstigt. Inzwischen ist Burnout aber kein Tabu mehr, d. h., es kann darüber gesprochen werden. Auch über das individuelle Stressempfinden, selbst wenn es nicht immer auf Verständnis stößt.

Was tun bei drohendem Burnout?

Wie kann die Leitung Burnout begegnen, wenn sie erste Anzeichen bei sich feststellt? Wenn sie noch genug Kraft spürt, ihre Situation einzuschätzen und zu bewältigen, bietet sich die Möglichkeit einer Bestandsaufnahme mit dem Ziel, die belastenden Arbeitsbedingungen zu verändern. Liegen die Gründe in der Fülle der Aufgaben und den zugleich knappen Zeitressourcen, muss hier – ggf. mit Unterstützung durch Supervision, Coaching oder Fachberatung – angesetzt und das Gespräch mit dem Träger gesucht werden. Liegen die Ursachen eher in dem persönlichen Umgang mit Stress, kann beispielsweise eine Psychotherapie Hilfe und Veränderung bringen.

Beispiel

Eine Leiterin hat so hohe Ansprüche an sich selbst, dass die Arbeitszeit zur Bewältigung der von ihr gesetzten Standards nicht ausreicht, die da heißen:

- Ich kümmere mich um alles allein.
- Ich bin immer und für jeden gesprächsbereit.
- Ich erfülle alle Wünsche meiner Mitarbeiter*innen (Dienstplan, Urlaub, Arbeitsbereich etc.).

Umgang mit (drohendem) Burnout

Wenn die Situation nicht allein bewältigt werden kann, gibt es einen Vier-Schritte-Plan für den Umgang damit:

1. Der erste Schritt ist, sich der Situation bewusst zu werden und in diesem Stadium einen gründlichen Blick auf den Arbeitsalltag zu werfen, um unliebsame und krank machende Bedingungen zu identifizieren und zu hinterfragen.
2. Der zweite Schritt kann sein, sich umfassend über typische Symptome zu informieren und zu entscheiden, ob es sich um den Beginn eines Burnouts handelt oder um eine schwierige Arbeitsphase, die bald vorbei ist. Hierfür kann natürlich auch fachliche Hilfe in Anspruch genommen werden.
3. Der dritte Schritt ist die Einbeziehung des Hausarztes/der Hausärztin und ggf. ein Rehabilitationsaufenthalt in einer Klinik, um neue Kraft zu schöpfen.
4. Der vierte Schritt ist die Rückkehr an den Arbeitsplatz mit unterstützenden Maßnahmen, wie z. B. reduzierte Arbeitszeit (zeitlich begrenzt oder unbegrenzt), Wiedereingliederung o. Ä.

Das wäre ein möglicher Verlauf, wenn die Leitung sich rechtzeitig um Hilfe und Unterstützung kümmert. Dem Burnout zu begegnen heißt immer auch, die eigene Situation wahr- und ernst zu nehmen und die Bedingungen verändern zu wollen.

- Ich bin ohne Einschränkung im Einsatz.
- Ich falle nie aus und stelle meine eigenen Wünsche zurück.
- Ich arbeite auch in meiner Freizeit, ohne Rücksicht auf Familie und Freunde.

Der Leiterin ist dringend anzuraten, ihre Ansprüche an sich selbst herunterzuschrauben. So könnten entsprechende Veränderungen aussehen:
- Der erste Schritt ist die Einrichtung von festen Gesprächszeiten für Eltern und Mitarbeiter*innen.
- Aufgaben, die andere erledigen können, werden verteilt. Die Leiterin übernimmt keine Aufgaben mehr für Mitarbeiter*innen.
- Sie stellt die Belange der Einrichtung bei Dienstplangestaltung und Urlaubsplanung in den Vordergrund und lernt Nein zu sagen. In besonderen Situationen ermöglicht sie Ausnahmen.
- Sie hält ihre Arbeitszeit ein und nimmt nichts mehr mit nach Hause.
- Wenn sie krank ist, ist sie krank.
- Und sie macht sich klar: Ihre eigenen Wünsche sind von Bedeutung.

Wenn äußere Rahmenbedingungen den Stress verursachen, braucht es ein Gespräch mit dem Träger, um die Arbeitsbelastung auf ein gesundes Maß zu reduzieren. Hierfür lohnt es sich, eine genaue Aufstellung der täglichen Arbeitsaufgaben und -belastungen, der unerfüllbaren Anforderungen oder der unerträglichen Arbeitsbedingungen im Vorfeld schriftlich zu fixieren und allen Mut zusammenzunehmen. Wenn nicht darüber gesprochen wird, was nicht geht, gibt es keine Veränderung. Die Angst, bei Forderungen den Arbeitsplatz zu verlieren, hindert uns oft daran, Missstände anzusprechen. Wenn aber weiter geschwiegen wird, bleibt alles beim Alten. Dann muss abgewogen werden, ob das auszuhalten ist.

Literaturtipp

Fehlau, E. (2012): Gesundheit am Arbeitsplatz. So prüfen Sie, ob Ihr Arbeitsplatz krank macht. München: C. H. Beck.
Fiedler, C./Goldschmid, I. (2010): Burn-out. Erprobte Wege aus der Falle. München: C. H. Beck.
Schaper, M. (Hrsg.) (2016): Was die Seele stark macht. Hilfe bei Stress, Burnout und Depression. GEO Wissen Gesundheit 4/2016. Hamburg: Gruner & Jahr.
Bücher und CDs zu Entspannungsverfahren wie Autogenes Training und Progessive Muskelentspannung nach Jacobson.

3. „Denkarbeit" außerhalb der Kita vermeiden

Der Arbeitstag ist zu Ende und gedanklich wird ein Rucksack mit unerledigten Aufgaben, bevorstehenden Ereignissen, ungelösten Konflikten, kreativen Planungsideen, betrieblichen Veränderungen, Personalmangel, krankheitsbedingten Ausfällen und Ähnlichem mit nach Hause und in die Freizeit genommen. Hier soll es ausschließlich um die Arbeitswelt und nicht um die „persönliche Denkarbeit" in kritischen Lebenssituationen gehen. Wenn beides zusammenkommt und man nicht mehr abschalten kann bzw. nicht mehr aus den eigenen Gedankenschleifen herausfindet, ist es möglicherweise sinnvoll, sich Unterstützung in Form von Beratung, Coaching oder Therapie zu suchen.

Zurück zur Arbeitswelt: Manchmal ist es gut, Zeit zum Nachdenken zu haben, eine Nacht über eine Entscheidung zu schlafen oder die „Weisheit der Nacht" zu nutzen. Das ermöglicht die Verarbeitung von besonders bewegenden Ereignissen und kann helfen, sich zu positionieren und Klarheit für das eigene Verhalten zu finden. Diese Situation des „Nacharbeitens" kennen wir alle für uns allein oder mit Gesprächspartner*innen, die uns zuhören und bei der Entscheidungsfindung unterstützen. Wenn das funktioniert und kein Dauerzustand ist, kann das jeweilige Problem so zur Zufriedenheit gelöst oder bearbeitet werden. Kommt dies aber häufig und andauernd vor, ist es an der Zeit, den eigenen Arbeitsalltag und die Belastungssituationen zu beleuchten. Sich die Frage zu stellen, wie und durch wen Abhilfe geschaffen werden kann, ist unumgänglich.
Es ist ratsam, die Themen der Situationen, die die Denkarbeit auslösen, aufzuschreiben und sie zu analysieren (s. Tabelle S. 50).

Abschalten und wieder ins innere Gleichgewicht kommen

Themen/Situationen, die „Denkarbeit" auslösen

Thema	Beteiligte Personen	Meine Rolle dabei	Veränderbar/unveränderbar	Mögliche Schritte

Eine Auflistung in dieser Form bietet noch keine Lösung, aber einen Überblick und filtert die Möglichkeiten heraus, die Leitung hat, um eine Wende in Richtung Entlastung einzuleiten. Anhand dieser Informationen ist sie in der Lage, konkrete Schritte zu planen und für eine Umsetzung zu sorgen. In jedem Fall ist „Denkarbeit" außerhalb der Kita ein Warnsignal, das ernst genommen und nachhaltig „entsorgt" werden muss, um die Arbeitsfähigkeit und Gesundheit zu erhalten.

4. Kollegiale Beratung

Voneinander lernen, sich gegenseitig unterstützen, die eigenen Kompetenzen und Ressourcen einbringen und von denen der anderen profitieren ist eine wünschenswerte Möglichkeit für Leitungskräfte. Bei größeren Trägern gibt es in der Regel eine regelmäßige Leitungsrunde, an der alle Leitungskräfte des Trägers teilnehmen. Sie dient dem Austausch, der Information, der Absprache und Abstimmung untereinander und mit dem Träger und seinen Interessen. Es ist ein Netzwerk, das grundsätzlich zu mehr fähig ist als zu dem formalen Auftrag der Leitungsbesprechung. Hier besteht die Möglichkeit, Gleichgesinnte zu finden, ähnliche Fragestellungen oder Probleme zu erörtern, gemeinsame Strategien zu entwickeln und zu speziellen Fragen Antworten und Stellungnahmen zu bekommen. Darüber hinaus vernetzen sich auch Leiter*innen unterschiedlicher Träger, treffen sich zum kollegialen Austausch und bilden an manchen Orten Gruppen der kollegialen Beratung.

Das Modell der kollegialen Beratung ist mehr als ein Gespräch und weniger als die Beratung durch professionelle Berater*innen. Es ist ein „Sich-Beraten" unter Kolleg*innen, um themenorientiert aktuelle Problemlagen möglichst praxisorientiert lösen zu können. Es handelt sich um ein strukturiertes Gespräch mit einem fest vereinbarten Regelwerk und genauen Rollenvorgaben. Die beteiligten Personen nehmen eine der folgenden Rollen ein:
- Falleinbringer*in
- Reflexionspartner*innen
- Moderator*in/Zeitnehmer*in

Es wird ein Zeitraum vereinbart, in dem der/die Falleinbringer*in die eigene Fragestellung thematisiert. Alle Reflexionspartner*innen bringen ihre Erfahrungen zu der Thematik ein und entwickeln Hypothesen zum Umgang damit. Der/die Falleinbringer*in entscheidet allein, welche der geschilderten Erfahrungen bzw. entwickelten Hypothesen er/sie für sich nutzen und ausprobieren möchte. Dabei ist es wünschenswert, wenn die Perspektive des/der Falleinbringer*in bei den Reflexionspartner*innen im Vordergrund steht. Die kollegiale Beratung bietet eine gute Orientierung in diffusen Arbeitssituationen und ermöglicht einen guten Zugang zu speziellen Fragestellungen.

Voneinander lernen und sich unterstützen

Phasen der kollegialen Beratung

Die kollegiale Beratung wird in verschiedene Phasen unterteilt, durch die der/die Moderator*in und Zeitnehmer*in führt. Eine seiner/ihrer Aufgaben ist es, darauf zu achten, dass das Thema im Mittelpunkt steht, die Fragestellung bearbeitet und die vereinbarte Zeit eingehalten wird. Die Phasen gliedern sich wie folgt:

1. Eröffnung und Besetzung der Rollen
2. Darstellung des Falls durch den/die Falleinbringer*in
3. Rückfragen, erste Betrachtungen durch die Reflexionspartner*innen
4. Beratung der Hypothesen und Möglichkeiten
5. Auswahl einer Möglichkeit, die für den/die Falleinbringer*in umsetzbar erscheint
6. Abschluss und Beenden mit einer Reflexion des/der Falleinbringer*in

Für die Abschlussreflexion nutze ich häufig die folgenden Fragen:
- Was hat mich bewegt?
- Was habe ich aufgenommen?
- Was setze ich um?

Mit Herz, Kopf und Hand lässt sich schnell und unkompliziert ein Statement formulieren.

Quelle
Ina Schütt

Es sollte ein Klima des Vertrauens und der gegenseitigen Wertschätzung vorhanden sein. Insofern hat die kollegiale Beratung ihre Grenzen bei komplexen Spannungen und/oder Beziehungskonflikten im beratenden Team sowie Kooperationsproblemen untereinander. Hier ist es ratsam, professionelle Beratungssysteme zu nutzen.

Literaturtipp

Fallner, H./Gräßlin, H. M. (1990): Kollegiale Beratung. Eine Systematik zur Reflexion des beruflichen Alltags. Hille: Ursel Busch Fachverlag.

Tietze, K.-O. (2010): Wirkprozesse und personenbezogene Wirkungen von kollegialer Beratung. Theoretische Entwürfe und empirische Forschung. Wiesbaden: VS Verlag für Sozialwissenschaften.

von Schlippe, A./Schweitzer, J. (2016): Lehrbuch der systemischen Therapie und Beratung I: Das Grundlagenwissen. 3. Auflage, Göttingen: Vandenhoeck & Ruprecht.

5. Supervision, Coaching, Fachberatung

Alle im Folgenden beschriebenen Beratungs- und Reflexionsmöglichkeiten stehen nicht in Konkurrenz zueinander, sondern eignen sich je nach Problemstellung mehr oder weniger. Deshalb ist es sinnvoll, die unterschiedlichen Verfahren und deren Einsatzmöglichkeiten zu kennen, um sich dann für das jeweils geeignete entscheiden zu können. Keine der beschriebenen Formen der Beratung nimmt für sich in Anspruch, allumfassende Lösungen zu bieten, sondern versteht sich als Begleitung in arbeitsbezogenen Zusammenhängen und zielt darauf ab, Fähigkeiten, Ressourcen, Stärken und eigene Lösungsmöglichkeiten herauszuarbeiten.

Es sind arbeitsbezogene Beratungen, die für Teams, Gruppen und Einzelpersonen in Anspruch genommen und in den meisten Fällen von externen, nach den Standards der Deutschen Gesellschaft für Supervision und Coaching (DGSv) ausgebildeten Supervisor*innen durchgeführt werden. Über die Internetseite der DGSv können passende Supervisor*innen gefunden werden, die dort mit ihrem Profil und ihren Kontaktdaten verzeichnet sind. Die Mitgliedschaft in der DGSv garantiert die Einhaltung der professionellen Standards und ethischen Leitlinien und bietet

Sich mithilfe von Beratung auf den Weg machen

dem Auftraggeber daher ein recht hohes Maß an Sicherheit. Vor allem Kompetenz und Habitus unterscheiden supervisorische Beratung und Coaching von Fachberatung und Angeboten der Lebenshilfe. Supervisor*innen und Coaches der DGSv gestalten anspruchsvolle Beratungsprozesse. Sie legen Wert auf Klarheit im Kontrakt, etablieren eine tragfähige Arbeitsbeziehung und orientieren sich am Auftrag und den vorhandenen Ressourcen. Sie analysieren mit ihren Kund*innen das komplexe Zusammenspiel von Organisation, Person, Rolle und Anspruchsgruppen und haben die Rahmenbedingungen und das Umfeld im Blick.

Die Grafik rechts zeigt die Felder, die von Supervisor*innen und Coaches in den Blick genommen und miteinander in Beziehung gesetzt werden. Im Rahmen des Beratungsprozesses setzen sie Impulse, pflanzen Ideen, unterstützen das Verstehen, eröffnen neue Handlungsspielräume, erweitern den Horizont und den Blick auf sich selbst. Voraussetzung aufseiten der Kund*innen ist die Bereitschaft zu reflektieren und Veränderungen zuzulassen und zu wollen.

Fachberatung

Fach- und Praxisberatung von Kindertageseinrichtungen ist begleitet von einem sehr differierenden Verständnis der Aufgaben. Die momentane Realität der Fachberater*innen in Deutschland beinhaltet häufig die Fachaufsicht, Weisungsberechtigung und Beratung. Das sind viele Stühle, auf denen eine Fachberatung sitzen kann, und erfordert einen ständigen Spagat. Mein Verständnis ist eher das einer beratenden Person, die keine Fachaufsicht und Weisungsberechtigung hat. Warum nicht? Weil die Beratung durch Vorgesetzte nicht als frei und unbelastet wahrgenommen werden kann, sondern immer die Möglichkeit einer Sanktionierung beinhaltet. Eine Trennung wird in der Fachwelt gefordert und hoffentlich erhört.

Fachberatung in einem beratenden Verständnis bedeutet Begleitung der konkreten pädagogischen Arbeit, der Teamarbeit, der Vernetzung und der fachlichen Qualifizierung. Sie unterstützt die Leitung in ihrem fachlichen Anliegen und in der Teamentwicklung. Die Leitung sollte darauf achten, eng mit der Fachberatung vernetzt zu sein und sich selbst als Auftraggeberin verstehen, die ihre Anliegen in allen Belangen formuliert. Eine besondere Problemlage ist die zeitnahe Bearbeitung der anfallenden Themen in der Kita. Für eine gute Qualität in der Fachberatung braucht es veränderte Rahmenbedingungen, die eine kontinuierliche Zusammenarbeit zwischen Kindertageseinrichtung und Berater*in gewährleisten. Die Zuständigkeit für sehr viele (häufig zu viele) Einrichtungen erschwert die Beratungsarbeit enorm. Hier ist es an der Zeit, brauchbare Modelle zu entwickeln. Die Gewerkschaft Erziehung und Wissenschaft (GEW), Landesverband Baden-Württemberg, hat 2017 ein Positionspapier dazu erstellt: „Fachberatung – Positionen und Forderungen" (www.gew-bw.de).

Weitere reflexive bzw. beratende Verfahren sind
- Reflexionsrunden im Rahmen von Teamsitzungen
- Qualitätsentwicklungsprozesse
- Fort- und Weiterbildungen zum Themenbereich Rolle und Identität

---

Supervision und Coaching

Supervision (lat. supervidere = beobachten, kontrollieren) dient der Entwicklung von Personen und Organisationen im Kontext beruflicher Arbeit und der Reflexion des eigenen Handelns. Sie instruiert, schult und trainiert nicht, sondern nutzt die interaktiven und personalen Aspekte zur Veränderung des eigenen Handelns. **Coaching** bezieht sich auf die Anleitung und die Rückmeldung zu spezifischem Wissen, Fertigkeiten und Fähigkeiten für eine bestimmte Aufgabe.

Alle diese Verfahren sind Standards, die zum Berufsfeld der Leitung gehören, um Konfliktlagen zu erörtern, wenn sie aktuell sind, und um einen festen Rahmen für Reflexion und Austausch zu bieten, bevor es zu einer unlösbaren Krisensituation und Konfliktlage kommt. Sich mit einer kontinuierlichen Beratung zu versorgen, unterstützt in jedem Fall das Vorhaben, Leitung zu bleiben.

6. Älter werden im Beruf

Eines ist sicher: Leitung altert, wie alle anderen Menschen auch. Allerdings unterschiedlich – je nach körperlichen, seelischen und geistigen Voraussetzungen und persönlicher Konstitution. Es gibt kein Rezept zur allumfassenden Gesunderhaltung, aber es gibt gute Möglichkeiten, den Arbeitsplatz Kita jung zu erhalten. Was kann Leitung also tun?

Sich an erster Stelle darüber bewusst werden, dass in der Kita alle gesellschaftlichen Neuerungen, Veränderungen, Trends, Strömungen und politischen Veränderungen ohne Verzögerung oder Rücksichtnahme ankommen. Wir haben es mit den Jüngsten der Gesellschaft zu tun. Eltern kleiner Kinder sind häufig jung und veränderungsbereit. Sie wollen teilhaben an der Welt, sind empfänglich für Zukunftsforderungen, wissenschaftliche Erkenntnisse und Forschungen und nehmen technische Weiterentwicklungen bereitwillig auf. Sie kennen sich aus mit neuen Medien, haben Kenntnis von neuen Entwicklungen und sind oft gut informiert.

Wenn Leitung an „alten Zöpfen" festhält, sich über Neuerungen nicht informiert und wenig Interesse an den Themen von jungen Familien zeigt, hat das Auswirkungen auf das Team und den Ruf der Einrichtung in der Öffentlichkeit. Alte Zöpfe haben aber auch ihren Wert, wie wir z. B. gerade an der Renaissance der Reformpädagogik und ihren pädagogischen Ideen erleben. Ständig die Frisur zu wechseln, ohne Innehalten und genauen Blick auf die Wirkung einer jeden Frisur, kann also auch nicht die Lösung sein. Die Lösung könnte heißen, achtsam zu sein und die Balance zu halten, sich also gleichermaßen um Erhaltenswertes und zu Erneuerndes zu kümmern. Das erfordert die Bereitschaft, sich auf dem Laufenden zu halten, gesellschaftlich und politisch interessiert zu sein und mit gesundem Maß abzuwägen, was passt und geht und vielleicht sogar notwendig ist. Nicht alles Neue kritiklos aufnehmen, sondern im Austausch mit Fachleuten sinnvolle Veränderungen in Erwägung ziehen, sich umfassend informieren und im Kontakt mit den Mitarbeiter*innen Entscheidungen fällen. Unterstützend wirkt hier, wenn das Team altersgemischt ist und bei der Besetzung von Stellen auch darauf geachtet wird.

Und letztendlich ist es eine ganz persönliche Entscheidung, wie ich alt werde und wie mein Lebensentwurf für diese Zeit aussieht. Sich damit auseinanderzusetzen ist der erste

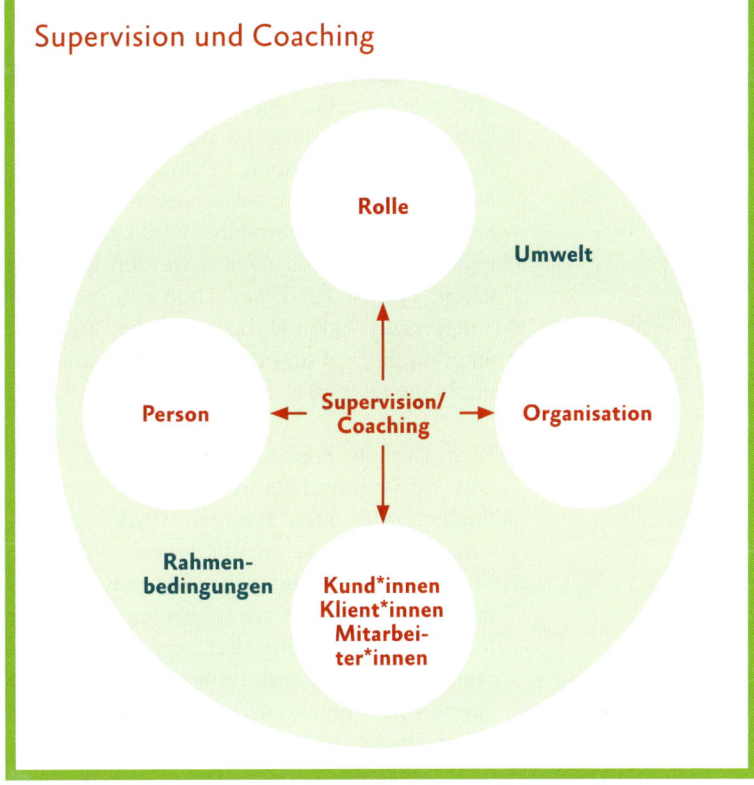

Supervision und Coaching

- Rolle
- Umwelt
- Person ↔ Supervision/Coaching ↔ Organisation
- Rahmenbedingungen
- Kund*innen Klient*innen Mitarbeiter*innen

An „alten Zöpfen" festhalten?

Quelle
In Anlehnung an: Weigand, W. (1987): Zur beruflichen Identität des Supervisors. In: Supervision 11. www.dgsv.de

Schritt, der zweite ist es, einen persönlichen Plan zu erstellen, der sich damit beschäftigt, die Lust und Freude an der Arbeit zu behalten und zugleich die eigene Leistungsfähigkeit kritisch in den Blick zu nehmen. Vielleicht bedarf es einer kleinen Veränderung, um eine neue Perspektive zu erlangen, die anderes, Neues, Ungewöhnliches und Ungewohntes zulässt und ausprobiert werden kann. In jedem Fall ist zu dieser Thematik Leitungs-Supervision anzuraten, um die eigenen Standpunkte, Wünsche und Möglichkeiten gut begleitet zu wissen.

Fazit: Der alte Zopf muss nicht immer gleich entsorgt, sondern kann angepasst, neu geflochten oder offen getragen werden. Es gilt, genau und präzise zu überlegen, wohin die Reise gehen soll und welche Trends gut sind und alle Beteiligten voranbringen. Offenheit für Neues ist auch im Alter eine wichtige Voraussetzung, die von einer guten Portion Skepsis und genauen Prüfung der Möglichkeiten begleitet wird.

7. Übergänge gestalten

Beim Thema „Übergänge" könnte gesagt werden, dass Leitungen darin geübt sind. Transitionen begleiten den pädagogischen Alltag in der Kita: Der Übergang von der Familie in die Krippe, von der Krippe in die Kita und dann in die Schule. Und dazu die Mikrotransitionen des Alltags. Kinder bei all diesen Übergängen zu begleiten ist eine zentrale pädagogische Aufgabe. Aber wie ist das mit den eigenen Übergängen?

Angenommen, die Leitungstätigkeit füllt nicht mehr aus, alles, was ge- und bearbeitet werden konnte, ist gut im Lot. Angenommen, der Umbau der Kita, die Renovierung, der Trägerwechsel, die neue Konzeption, die Qualitätsentwicklung, die Teamentwicklung, die Zusammenarbeit mit den Familien und die Bewältigung der weiteren Leitungsaufgaben bereiten keine Probleme mehr und bieten keine neue Herausforderung. Wo liegen dann die Möglichkeiten, einen Wechsel oder Übergang zu einer anderen Aufgabe zu vollziehen?

- Die Übernahme einer neuen Einrichtung bietet sich an, wenn Lust auf einen Neuanfang besteht.
- Der Wechsel zu einem anderen Träger wäre denkbar.
- Die Suche nach einer anderen Einsatzmöglichkeit im Bereich der Kinder- und Jugendhilfe ist vorstellbar.
- Der Träger bietet eine reizvolle Aufgabe an, die Weiterentwicklung bedeutet.
- Lust auf neues Lernen – eine andere Berufung oder ein Studium erscheinen reizvoll etc.

Egal, wie die Entscheidung ausfällt, sollte ein Übergang (der ja ein Weggang ist) stattfinden, der dem/der Nachfolger*in einen guten Start ermöglicht. Das ist nicht ganz einfach und bedarf einer guten Planung. Wünschenswert ist die Einarbeitung der neuen durch die „alte" Leitungskraft, um Informationen, Abläufe, erhaltenswerte Grundideen, Trägerspezifik und Teamentwicklung zu sichern. Das ist jedoch in den seltensten Fällen möglich und daher sollte alles in einem geordneten Zustand sein, sodass sich die neue Leitung problemlos einfinden kann. Das heißt, die Verwaltungsangelegenheiten, die Sicherheitsvorschriften, die Karteien der Kinder, die Warteliste für Neuaufnahmen, die Protokolle der Teambesprechungen und die Dokumentationen der Konzeption und Qualitätsentwicklung sind lückenlos. Das sind die formalen Bedingungen, die geregelt sein sollten.

Alle anderen Aufträge und Wünsche für die Zukunft der Einrichtung kann ich als scheidende Leitung formulieren, aber nicht einfordern oder zur Bedingung machen. Von der Idee, es möge alles nach dem Weggang so weiterlaufen wie bisher, sollte schnellstmöglich Abschied genommen werden. Sich verabschieden heißt auch

Ist der Wechsel zu einer anderen Aufgabe angezeigt?

loszulassen und Platz für anderes möglich zu machen. Mit dem Ausscheiden können keine Bedingungen mehr gestellt werden, sonst ist die neue Leitung gefangen in einem Erbe, das vielleicht nicht zu ihr passt. Das kann keiner wollen, sonst wäre Entwicklung nicht möglich.

8. Karrieremöglichkeiten

Es gibt nach langjähriger, anerkannter Leitungstätigkeit die Möglichkeit, innerhalb des eigenen Trägers mit einer neuen Aufgabe im Management betraut zu werden. Mögliche Jobs liegen im Bereich der Fach- und Dienstaufsicht, der Leitung einer Abteilung, der Fachberatung als trägerinterne Leistung – alles auf dem Gebiet der Kindertageseinrichtungen. Hier ist genau zu prüfen, ob der Wechsel und die neuen Aufgaben reizvoll sind und sich eventuell mitgestalten lassen. Die Leitungserfahrung, die Kenntnis des Betriebs Kita und das Wissen um die Anforderungen an eine Kita sind Voraussetzungen, die den Einstieg in eine neue Tätigkeit unterstützen, in manchen Fällen sogar erleichtern. Die Aufgabe der Fachberatung bei dem eigenen Träger ist eine gute Möglichkeit für erfahrene Leitungskräfte, die gerne beratend tätig sein wollen. Anzuraten ist eine Fortbildung zu Grundfragen und Haltung in der Beratungsrolle und deren verantwortungsvoller Vertrauensbasis. Eine explizit vorgeschriebene Ausbildung gibt es nicht, allerdings lohnt sich eine Recherche der Fortbildungsmöglichkeiten in diesem Fall sehr. Wichtige Informationen zu den Aufgaben der Fachberatung bieten auch Stellungnahmen und Positionspapiere der Gewerkschaften und Fachverbände (z. B. GEW, Verdi, BAG-BEK e.V.).

Den Arbeitsbereich Kita zu verlassen, um eine neue Aufgabe in der Kinder- und Jugendhilfe zu übernehmen, bietet sich dann an, wenn die berufliche Veränderung umfassender sein soll und eine echte Neuorientierung ansteht. Auch hier bedeutet die Leitungserfahrung in der Kita viel und es kann gut darauf zurückgegriffen oder darauf aufgebaut werden. Frühzeitig sollten jedoch Informationen dazu eingeholt werden, welche weiteren Qualifikationen für den angestrebten Bereich in der Kinder- und Jugendhilfe erforderlich sind. Soll es die konkrete pädagogische Arbeit im Bereich der Erziehungshilfen, einer Wohngruppe oder einer anderen stationären Unterbringung sein oder die Leitung eines Teams in diesem Bereich?

Berufliche Veränderung birgt neue Chancen

Eine weitere Möglichkeit ist die Selbstständigkeit oder Anstellung bei einem Bildungsträger als Berater*in, Dozent*in, Referent*in oder Erwachsenenbildner*in in der Aus-, Fort- und Weiterbildung von Pädagog*innen. Das Risiko der Selbstständigkeit liegt in der Gefahr, keine oder zu wenig Aufträge akquirieren zu können und in finanzielle Not zu geraten. Daher sollte im Vorfeld gut recherchiert, ausprobiert und geworben werden, um die Möglichkeiten realistisch einschätzen zu können. In beiden Fällen ist es ratsam, eine entsprechende Vorbereitung oder Ausbildung als Supervisor*in und Coach, eine andere Beratungsausbildung oder eine Ausbildung in der Erwachsenenbildung zu absolvieren, die dazu geeignet sind, die eigenen Kompetenzen, Ressourcen und Präferenzen zu erkunden und zu festigen.

Das Gestalten von Seminaren braucht das fachliche und methodisch-didaktische Wissen zu einem klar abgegrenzten Themenspektrum. Das sind in diesem Fall die Themen, die die Leitung in der Kindertageseinrichtung erlebt und zu denen sie sich im besten Fall bereits weitergebildet hat und deren Inhalte sie gerne weitergeben möchte. Wichtige Voraussetzungen für diese Tätigkeit sind darüber hinaus die Lust auf die Arbeit mit Erwachsenen und Gruppen, Methoden der Erwachsenenbildung, Moderations-, Präsentations- und Visualisierungskenntnisse und das Talent zur Vermarktung der eigenen Angebote. Diese Beispiele einer Karriere oder beruflichen Weiterentwicklung sind realistisch und finden sich in vielen weiteren Varianten.

Dank

Ich möchte mich bei den vielen Teilnehmer*innen an meinen Seminaren, Supervisionen und Leitungskursen bedanken, die engagiert, kritisch, diskutierend, ausprobierend und bereichernd meine Arbeit unterstützt haben. Mit diesen vielen vertrauensvollen Menschen, die mich teilhaben ließen an ihrem Arbeitsalltag und mich inspiriert haben für das vorliegende Heft, bin ich in besonderer Weise fachlich und persönlich verbunden.

Mein Dank gilt der Leiterin des Zentrums für Praxis und Theorie der Jugendhilfe in Güstrow, Dr. Susanne Braun, und allen meinen Kolleg*innen für ihre kollegiale Unterstützung und die zeitlichen Freiräume während meiner Schreibarbeit. Das ist schon sehr besonders gewesen – herzlichen Dank euch allen!

Ich danke auch meinem Mann Heinrich Schütt, mit dem zusammen ich vor 26 Jahren meinen ersten Leitungskurs erarbeitet habe. Er hat mich fachlich, inhaltlich, diskutierend unterstützt und die kleinen „Schreibkrisen" verständnisvoll aufgenommen und begleitet.

Ein Dank geht an Helia Schneider, die die Idee für dieses Heft an mich herantrug und an die Redaktion kindergarten heute weitergab – und so mit für das Entstehen des Heftes sorgte.

Ein besonderes Dankeschön geht an Carolin Küstner, die als Lektorin das Projekt von Anfang an begleitet hat. Danke für die vielen fachlichen Anmerkungen, Rückmeldungen und Anregungen, die hohe Fachkompetenz, für den kritisch-konstruktiven Umgang, die tollen Tipps und Hilfen während unserer Zusammenarbeit. Das alles hat mir das Schreiben sehr erleichtert.

Impressum

leiten kompakt: Mit Freude und Erfolg eine Kita leiten
ist ein Sonderheft von kindergarten heute – Das Fachmagazin für Frühpädagogik

Redaktion
Silke Dittmar (verantw.)
Tel. 0761 / 2717-209
E-Mail: dittmar@herder.de

Carolin Küstner
Tel. 0761 / 2717-331
E-Mail: kuestner@herder.de

Anschrift der Redaktion
Hermann-Herder-Str. 4
79104 Freiburg
Tel.: 0761 / 2717-322
E-Mail: redaktion@kindergarten-heute.de
www.kindergarten-heute.de

Verlag
© Verlag Herder GmbH, Freiburg i. Br. 2018
Alle Rechte vorbehalten
www.herder.de

Bildnachweis
Titelfoto: © Harald Neumann, Freiburg
Fotos S. 9, 12, 14, 20, 25, 27, 29, 32, 33, 39, 50: © Harald Neumann, Freiburg,
Foto S. 31: © Heidi Velten, Leutkirch
Fotos S. 3 © martin-dm, S. 19 © xavierarnau, istockphoto.com
Fotos S. 4, 6, 22, 46, 48 © contrastwerkstatt, S. 10 © Daniela Stärk, S. 16 © Gina Sanders, S. 17 © sborisov, S. 23 © Sinuswelle, S. 24, 49 © psdesign1, S. 28 © stockphoto-graf, S. 35 © Andrey Popov, S. 36 © Robert Kneschke, S. 40 © Gina Sanders, S. 45 © otaraev74, S. 52 © stockpics, S. 53 © weixx, S. 54 © magele-picture, S. 55 © Chaiyawat, Fotolia.com

Layout, Satz und digitale Bearbeitung
rsrdesign, Wiesbaden, www.rsrdesign.de

Druck
Medienhaus Plump GmbH, Rheinbreitbach

Leserservice
Verlag Herder GmbH
Hermann-Herder-Str. 4
79104 Freiburg
Tel.: 0761 / 2717-379 oder 0761 / 2717-244
Fax: 0761 / 2717-249
E-Mail: kundenservice@herder.de

Gedruckt auf chlorfrei gebleichtem Papier

Printed in Germany

Titelnummer 774
ISBN Print: 978-3-451-00774-3
ISBN E-Book (PDF): 978-3-451-81392-4